职业教育"十三五"规划教材·基础课系列

ZHIYE
SHENGYA
GUIHUA YU JIUYE
ZHIDAO

职业生涯规划与就业指导

主　编　严有武　董开鹏　雒保祥
副主编　陈　健　杨岳山　李　晶
参　编　孟继伟　赵德文　蔡　畅

华中科技大学出版社
http://www.hustp.com
中国·武汉

内 容 简 介

全书以大量的精选案例让中职生走进生涯规划和就业创业的实践中,追求实用、贴近现实、鼓励学生是本书的最大特点。本书主要介绍了中职生的职前准备、就业择业的素质准备、创业成才的政策法规解读和分析。本书是职业生涯规划与就业创业教育教师的好帮手,是中职生就业与创业实践的必读书。

图书在版编目(CIP)数据

职业生涯规划与就业指导/严有武,董开鹏,雒保祥主编. —武汉:华中科技大学出版社,2019.1(2024.5 重印)
职业教育"十三五"规划教材. 基础课系列
ISBN 978-7-5680-4682-4

Ⅰ.①职… Ⅱ.①严… ②董… ③雒… Ⅲ.①职业选择-中等专业学校-教材 Ⅳ.①G717.38

中国版本图书馆 CIP 数据核字(2019)第 015988 号

职业生涯规划与就业指导 严有武 董开鹏 雒保祥 主编
Zhiye Shengya Guihua yu Jiuye Zhidao

策划编辑:郑小羽
责任编辑:沈 萌
封面设计:孢 子
责任监印:朱 玢
出版发行:华中科技大学出版社(中国•武汉)　　电话:(027)81321913
　　　　　武汉市东湖新技术开发区华工科技园　　邮编:430223
录　　排:华中科技大学惠友文印中心
印　　刷:武汉市籍缘印刷厂
开　　本:787mm×1092mm　1/16
印　　张:11
字　　数:278 千字
版　　次:2024 年 5 月第 1 版第 2 次印刷
定　　价:29.80 元

本书若有印装质量问题,请向出版社营销中心调换
全国免费服务热线:400-6679-118　竭诚为您服务
版权所有　侵权必究

前言
PREFACE

教育家陶行知认为:"行是知之始,知是行之成。"职业生涯规划和职业素养是"知",就业指导与创业实践是"行"。如何在职业发展中扬长补短、自我完善、合理规划,最大限度地实现自己的人生价值,是广大中职院校学生需要认真思考的重要问题。

职业生涯设计实质上是追求最佳职业生涯的过程。成功的人生需要正确的规划,你今天站在哪里并不重要,但是你下一步迈向哪里却很重要。在本书中,我们按"了解自己—清楚目标—明确梦想—制订行动方案—开始行动"的步骤组织内容,兼顾学生的使用和阅读,在系统的理论知识中结合了一些实用的、科学的联系,逐步帮助中职生进行思考和规划,使中职生对自己进行清晰的定位,认识自己的优势和劣势,认识行业、企业、职业的相互关系,树立正确的人生目标,学会规划和管理自己的职业生涯,顺利地实现人生目标。

追求实用、贴近现实、鼓励学生是本书的突出特点。书中包括"职业生涯规划"与"就业指导"两大主题。全书以大量的精选案例让中职生走进生涯规划和就业创业的实践演练,从中得到启发并提升应对能力。

在内容的选择上,本书贯穿职前准备、就业择业、创业成才的职业发展主体,从人生职业生涯的相关概念到中职生的职业规划知识,从在校期间的各项素质准备到就业政策法规的解读,从应聘时应注意的策略到就业后应注意的问题等,都进行了系统的阐述。内容上的地域无界性与情感习惯的可接近性增加了本书的亲切感,更易于被学生理解与接受。希望本书能够成为教师长久传授职业生涯规划与就业创业教育的好帮手,成为中职生就业与创业实践的必读书。

本书由严有武、董开鹏、雒保祥担任主编,陈健、杨岳山、李晶担任副主编,孟继伟、赵德文、蔡畅担任参编,最后由严有武统稿审核。

本书在编写过程中参阅了大量的相关文献资料,在此对这些文献的作者表示衷心的感谢。由于编写时间仓促、编者水平有限,书中难免有不足之处,敬请广大读者批评指正。

编 者

2018 年 5 月

目录
CONTENTS

第一章　认识职业 ··· 1
　　第一节　职业 ··· 3
　　第二节　工作 ··· 8
　　第三节　职业生涯规划 ·· 11
第二章　职业理想与职业道德 ··· 19
　　第一节　职业理想 ·· 21
　　第二节　职业道德 ·· 27
第三章　做好职业准备 ·· 31
　　第一节　从所学专业起步 ··· 33
　　第二节　立足本人实际 ·· 40
　　第三节　做好职业角色转换的准备 ·· 51
第四章　职业生涯发展目标与措施 ··· 59
　　第一节　确定职业生涯发展目标 ··· 61
　　第二节　决定职业生涯发展步骤 ··· 67
　　第三节　制定职业生涯发展措施 ··· 76
第五章　就业准备与求职技巧 ··· 85
　　第一节　正确认识就业 ·· 87
　　第二节　收集职业信息 ·· 94
　　第三节　求职材料准备 ·· 98
　　第四节　面试 ··· 107
　　第五节　求职礼仪与着装 ·· 110
　　第六节　网络应聘 ··· 116
第六章　中职生创业 ·· 121
　　第一节　创业是就业的重要形式 ·· 124
　　第二节　中职生创业分析 ·· 135
　　第三节　中职生如何创业 ·· 138
第七章　学会自我保护 ··· 145
　　第一节　维护自己的合法权利 ··· 147
　　第二节　维权途径 ··· 156
附录A　中等职业学校职业指导工作规定 ······································ 167
参考文献 ·· 170

第一章
认识职业

RENSHI ZHIYE

引经据典

毛遂自荐

毛遂在平原君门下已经三年了,一直默默无闻,总得不到施展才能的机会。

一次,碰上秦国大举进攻赵国,秦军将赵国都城邯郸团团围住,情况十分危急,赵王只好派平原君赶紧出使楚国,向楚国求救。

平原君到楚国去之前,召集他所有的门客商议,决定从这千余名门客中挑选出20名能文善武、足智多谋的人随同前往。他们挑来挑去最终只有19人合乎条件,还差一人却怎么挑也总觉得不满意。

这时,只见毛遂主动站了出来说:"我愿随平原君前往楚国,哪怕是凑个数!"

平原君一看,是平常不曾注意的毛遂,便不以为然,只是婉转地说:"你到我门下已经三年了,却从未听到有人在我面前称赞过你,可见你并无什么过人之处。一个有才能的人在世上,就好像锥子装在口袋里,锥尖子很快就会穿破口袋钻出来,人们很快就能发现他。而你一直未能出头露面显示你的本事,我怎么能够带上没有本事的人同我去楚国行使如此重大的使命呢?"

毛遂并不生气,他心平气和地据理力争说:"您说的并不全对。我之所以没有像锥子从口袋里钻出锥尖,是因为我从来就没有像锥子一样放进您的口袋里呀。如果早就将我这把锥子放进口袋,我敢说,我不仅是锥尖子钻出口袋的问题,我会连整个锥子都像麦穗子一样全部露出来。"

平原君觉得毛遂说得很有道理且气度不凡,便答应毛遂作为自己的随从,连夜赶往楚国。

一到楚国,已是早晨。平原君立即拜见楚王,跟他商讨出兵救赵的事情。可是这次商谈很不顺利,从早上一直谈到了中午,还没有一丝进展。面对这种情况,随同前往的20个人中便有19个只知道干着急,在台下直跺脚、摇头、埋怨。唯有毛遂,眼看时间不等人,机会不可错过,只见他一手提剑,大踏步跨到台上。面对盛气凌人的楚王,毛遂毫不胆怯,他两眼逼视着楚王,慷慨陈词,申明大义,他从赵楚两国的关系谈到这次救援赵国的意义,对楚王晓之以理动之以情。他的凛然正气使楚王惊叹佩服;他对两国利害关系的分析深深打动了楚王的心。通过毛遂的劝说,楚王终于被说服了,当天下午便与平原君缔结盟约。很快,楚王派军队支援赵国,赵国于是解围。

事后,平原君深感愧疚地说:"毛遂原来真是了不起的人啊!他的三寸不烂之舌,真抵得过百万大军呀!可是以前我竟没发现他。若不是毛先生挺身而出,我可要埋没一个人才呢!"

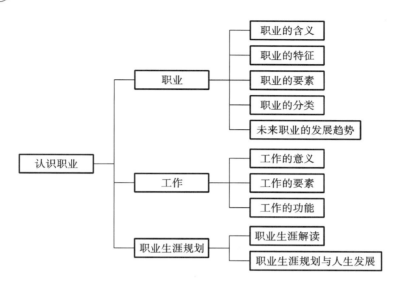

第一节　职　业

淘宝卖家是不是职业？

吴丰，女，曾是遂昌县职业中等专业学校计算机技术及其应用专业学生。因母亲生病，家境贫寒的吴丰选择了辍学。为了使贫困的境况得到改变，为了让母亲更好地生活，吴丰开始了艰辛的创业之路。吴丰借来2000元钱，开起了网店。为了使生意好起来，她白天上班，晚上熬夜学习开网店的知识。经过多年苦心经营，吴丰的土特产淘宝店已发展成为双皇冠店。吴丰和家人一起创业，一起努力，用勤劳的双手改变了生活。2013年，吴丰荣获丽水市十佳网商新锐、遂昌县"最优电商创业之星"；2014年荣获遂昌县第一届网商创业大赛优胜奖。

想一想：吴丰开淘宝店是不是一份职业？

随着社会的发展，社会有了新的分工标准。淘宝店主作为一个新兴的职业，从业人员已经越来越多，创造了客观的经济效益。所以，只要具备了职业的要素，淘宝店主也是一种职业。

一、职业的含义

职业是指从业人员所从事的有偿工作，它是劳动者在相对较长的时间内从事的，作为获取主要生活经济来源的，有报酬、有社会价值的持续性活动。

职业是社会分工的结果,是人类社会生产和生活进步的标志。职业具有三个主要功能:谋生的手段、为社会做贡献的岗位和实现人生价值的舞台。其中,"谋生"是基础,"贡献"是灵魂,"价值"是结果。

二、职业的特征

职业具有目的性、社会性、稳定性、规范性和群体性等特征。

1. 目的性

职业是以获取现金或实物等报酬为目的的一种活动。职业是有报酬的劳动,是劳动者获取主要生活经济来源的渠道。虽然因为岗位的不同,劳动复杂程度以及科技含量的不同,所获得的报酬不同,但是必须是有报酬的,否则就不能成为劳动者从事的职业,如我们经常参加的公益事业就不是职业。此外,虽然有些工作有一定的报酬,但是这些报酬不是劳动者主要的生活经济来源,通常我们称其为副业或兼职。

2. 社会性

职业是社会经济发展的产物,是从业人员在特定的社会生活环境中所从事的一种与其他社会成员相互关联、相互服务的一种社会活动。每一种职业都在社会经济体系中承担着不同的任务,体现着社会分工,它们都对社会经济发展起着推动作用。但也存在一些阻碍社会经济发展的"职业",如职业乞丐、进行假冒伪劣产品的生产销售,这些活动虽然也相对稳定,并且可以从中获得一定的经济收入,但是就其社会性来讲,它们是违法的或是不值得提倡的,不具有社会价值,所以也就不能成为职业。

3. 稳定性

职业在一定的历史时期内形成,并具有较长的生命周期。随着社会的进步和科技的发展,各种新的职业不断涌现出来,以适应经济社会发展的需要,并不断完善,具有一定的生命周期。

4. 规范性

职业必须要符合国家法律和社会道德规范,同时其本身也要具有比较明确的职业岗位规范、工作内容以及对从业者条件的要求等。

5. 群体性

任何职业必须具有一定的从业人数。

三、职业的要素

判断一种工作是否是一个职业,还要看它是否具有以下要素:
(1)职业名称;
(2)工作对象、内容、劳动方式和场所;
(3)承担职业所需要的资格和能力;
(4)工作取得的各种报酬;
(5)与部门和社会成员间的人际关系。

四、职业的分类

职业的分类是指国家采用一定的标准和方法,依据一定的分类原则,对从业人员的各种专门化的社会职业进行全面、系统的划分和归类。

由于各国经济发展水平不同,历史和国情不同,职业分类的具体情况也不同。

依照《中华人民共和国职业分类大典》(2015年版),我国的职业分为8个大类75个中类434个小类1481个细类。

知识链接

我国现阶段的工业企业中,主要包括以下三个职业类别。

第一类是经营管理人员,包括经理、厂长、车间主任等组织生产的行政领导;总工程师、总会计师、总经济师等业务管理的负责人。

第二类是工人,这是工业企业中的主体,他们在企业内部直接从事物质生产劳动。

第三类是工程技术人员,包括高级工程师、工程师、助理工程师、技术员,他们具体负责产品的设计开发、研制试产和企业的技术改造,处理和解决生产中出现的技术问题。

案例启迪

学机电专业的李征在职校毕业后到一家国棉厂当机修工。由于他聪明好学,苦练基本功,在全厂技术比赛中一举夺魁,被提拔为车间主任。后来厂里购买了30多台缝纫机,成立了服装加工厂,他被任命为厂长。为了提高业务素质和管理能力,他利用业余时间参加培训,学习了服装剪裁与制作,获得了服装设计定制工初级证书。他在实践中勤学苦练,设计和裁剪的服装样式新颖,制作水平高,在市场上小有名气。后来他参加成人自考,学习经济管理专业,获得大专文凭。随着改革开放的深入,服装市场竞争激烈,李征领导的服装加工厂因规模小、人员素质差、技术设备落后而停产。国棉厂也不景气,工资越来越低。面对困境李征没有退缩,他学习了汽车驾驶,取得了驾驶证,借钱买了汽车,成为出租车司机。由于他有机电专业的基础,经过培训便轻而易举地拿到了汽车维修工的证书。他不但把自己的车保养得很好,降低了运营成本,而且能帮同行们的忙。工作中他发现,出租车行业竞争日益激烈,而旅游业渐渐成为新的热门行业。于是他将出租车转借给别人,又投资买了一辆中巴车搞旅游,妻子通过培训和自学也拿到了导游证。通过奋斗,他又购进了两辆大客车,成立了旅游公司,自己担任经理。由于他服务态度好,服务质量高,赢来了不少回头客,现资产已达100多万元。而今,李征正在思考他的下一步计划:与宾馆、饭店、商场等搞好联营;积极引进和采用先进的现代管理手段,努力提高员工素质;利用业余时间学习旅游管理专业,提高自己的业务素质;搞好公司经营管理,在五年内,将公司发展成集旅游、购物、娱乐等多种服务为一体的综合型旅游公司。

李征从事过的职业类别很多,分别属于不同的职业类别。李征不局限于某一个固定的职业,不仅把当下从事的职业做得很好,而且不断结合环境变化,进行职业的转换,从而一步步取得了职业的成功。

十大职业排名

(1) 销售(顾问型销售)。提名理由:在每一个正常发展的公司,销售人员都是进军市场的先锋队。甚至有人说,做到了顾问型销售才是一流人才。

(2) IT工程师。提名理由:无论是熬夜干活的软件工人还是金领新贵,这个行业给了每个从业者均等的朝阳曙光。

(3) 建筑设计师。提名理由:房地产有多热,建筑设计师就有多热。

(4) 高级技师。提名理由:高级技师并非理想中工作的主流,却已经成为稀缺资源。

(5) 公务员。提名理由:公务员的工资可能不吸引人,但有钱难买我得闲。

(6) 职业经理人。提名理由:职业经理人有权调配手中的资源,有可观的收入,有受人尊重的理由,有实现价值的平台。

(7) 人力资源总监。提名理由:千里马常有,而伯乐不常有。二十一世纪最贵的是什么?人才?不对!是找人才的人。

(8) 投资经理。提名理由:投资经理目前的人才缺口为3万~5万,未来三年的需求量还将成倍增长。

(9) 咨询业项目经理。提名理由:未来几年的咨询行业必然会高速发展,人才需求无可估量。

(10) 律师。提名理由:随着我国法治建设进程的不断推进,律师这个行业的社会需求量越来越大,而律师的收入也高居职业排行前列。

当然,市场是千变万化的,职业排名也是在不断变化的。三十年河东,三十年河西。热门的职业会消退,冷门的职业也可能会变得炙手可热。三百六十行,行行出状元。职业无所谓好与差,我们应爱岗敬业,在自己的岗位上发光发热。

五、未来职业的发展趋势

职业是人类社会发展到一定历史阶段的产物,是社会进步的标志。随着社会的不断进步,社会职业的发展变迁出现了不断加快的趋势,总体上看职业发展呈专业化、智能化、综合化的发展特点。

1. 专业化

职业的专业化是指职业分工越来越细,社会对职业的专业技术水平要求越来越高,要求各种就业岗位需要更多的受过良好教育、培训,掌握最新技术的人。若不具备一定的专业能力,达不到职业的要求,就不能适应职业的需要。比如电信、邮电行业,由于新技术的广泛应用,缺乏现代计算机应用技术的人就难以胜任相关工作。

2．智能化

职业的智能化是指在职业活动中，使用体力劳动的人员和范围比重减少，而使用脑力劳动的相应比重则不断增加。

3．综合化

职业的综合化是指不同职业能力之间相互重叠、交叉，职业活动对从业人员的知识经验、技能、能力的要求越来越全面。例如，对产品推销员，不但要求掌握产品知识，还要求具备公关能力。由于职业的综合化，各种就业岗位更加欢迎那些有多方面能力的复合型人才。

社会的发展和科技的进步将使不同产业得到长足的发展，同时衍生出许多新的职业门类。尤其是第三产业，它在国民经济发展和职业类别产生中的作用将越来越大。其作用主要表现在：

（1）为第一、第二产业提供生产生活服务，从而促进劳动生产率的提高。

（2）第三产业的发展需要机器、设备、房屋、原材料、燃料和生活消费品等，为第一、第二产业的发展提供了广阔的市场。

（3）为社会培养各方面人才，如科技、管理人才和熟练技术工人等。

（4）为国家建设积累基金，促进了整个国民经济的发展。

（5）为解决社会就业提供了广阔的市场。第三产业的职业结构有着广泛的适应性和灵活性，既有传统职业，又有现代职业；既有主要依靠体力和熟练技能谋生的职业，也有主要依靠脑力劳动谋生的高新技术职业。

知识链接

我们常说的"白领"和"蓝领"是职业分类的方法之一。所谓"白领"，就是指从事专业性、技术性工作的人员，如管理工作者、销售工作者、工程师、设计师、办公室人员等，也就是一般所说的"脑力劳动者"。所谓"蓝领"，是指技工、运输工、手工艺工作者、建筑工及从事服务性工作的人员等，也就是一般所说的"体力劳动者"。但随着社会的不断发展变化，"白领"和"蓝领"的界线又模糊起来，如大型企业流水线上的操作工，可能要大学本科甚至研究生才能胜任，而计算机录入员、打字员只要中等职业学校毕业生就可以了。

近年来，随着经济和社会的发展，"灰领"的概念又流行起来。"灰领"是指具有较高的知识层次、较强的创新能力，掌握熟练的操作技能的新型技术人才，形象地说，就是既能动脑又能动手的复合型技能人才。在上海"紧俏职业排行榜"上，排名前10位的职业中，有8个属于灰领范围，比如电子工程技术、工业产品设计制造、多媒体制作、包装设计制作、会展制作等。高水平技能人才的紧缺已经成为制约产业能力进一步提升的瓶颈之一，我们急需一大批知识与技能相结合的"灰领"人才。

【职业思考】

1．你有心仪的职业吗？

2．对照十大热门职业，说说你喜欢什么职业，为什么。

3．根据职业概念、特征及其分类标准，说说你喜欢的职业属于什么类别。

第二节 工 作

一位做中学教师的人,他的工作内容和方式包括备课、上课、班级管理、批改作业和考卷、辅导学生、家访等,工作时间很有规律,接触对象主要是学生、家长、同事等,与家人相处的时间比较多,休闲时间固定,除了周六、周日和法定节假日外,还有寒暑假。而一位做商店营业员的人,他的工作内容和方式包括准备销售方案,熟悉各类产品的样式、特点、价格,介绍产品,解答顾客疑问等,工作时间不太有规律,接触对象范围较广,与家人相处的时间相对较少,休闲时间不固定,节假日正是工作最忙的时候。

可见,从事中学教师和商店营业员两种工作的人的生活形态是完全不同的。

一、工作的意义

如果有人问你:"为什么要工作?"你的第一反应大概会是:"挣钱呀!为了生存啊。"这个回答没有错,不过这仅仅是我们要工作的最低层次的意义。如果你仅仅把工作当作赚钱的工具,将会造成对你宝贵生命的浪费。工作不仅给我们带来了生活所必需的物质保障,它还全面地影响了我们的生活形态,也就是我们的职业生涯。

具体说来,生活形态的主要内容有工作的内容和方式(人或物)、工作的时间(规律或不规律)、居住的地点(城市还是农村)、接触的对象(人或事)、家庭生活(和家人相处的时间长短)、休闲生活(方式、时间)。做不同的工作意味着过不同形态的生活。

二、工作的要素

工作具有以下几点要素。

目标性——工作是有目标的,它或者是个人认为有价值的,或者是他人所重视和期待的。

连续性——工作是持续一段时间的,不是突然和短暂的。

投入性——工作需要投入时间和精力去追求。

成果性——工作将产生成果,不是徒劳无功的。

社会性——工作是和社会形态、社会变迁有密切联系的。

道德性——工作是符合社会伦理的,不能够损害他人的利益。

生活性——工作是和生活形态息息相关的,不是独立于生活之外的。

因此,如果仅仅为了维持生计而去从事一份工作,由于对这份工作的目标没有真正的发自内心的认同和体会,那么就无法长期全身心地投入目标的追求中,工作的成果会大打折扣,对工作所带来的生活形态感到厌倦,最后甚至会损害他人的利益。比如,一位做中学教师的人,仅仅是想要获得稳定的收入和较多的假日才来当老师,而并不感到自己从事的是一项很有意义的事业,那么他对自己的工作就容易敷衍了事,把上课仅仅当成是一种任务,只管自己教课,不管学生懂不懂,如果学生有问题提出,还会很不耐烦。长此以往,会觉得自己做的都是不得不完成的任务,自己感觉不到工作的满足和快乐,其学生的发展也会受到影响。

案例启迪

小琳是一位商店营业员,她的业务能力很强,对商品的性能、质量等都很熟悉,接待顾客很热情得体,所以她每月总是超额完成营业指标,回头客很多,受到公司上级和同事的肯定,每月拿到的奖金也不少,这使她觉得很有成就感。而且,由于新产品不断出现,她经常需要去参加培训学习,增长了自己的知识、技能。在工作中她还学习了营销心理学,所以能恰当地把握顾客心理,为顾客提供人性化的服务,渐渐地她变成了一位专家型的营业员。她的工作虽然很平凡,但是她投入了,用心地经营了,照样对社会、公司和顾客做出了贡献。在工作的过程中她不断地成长,工作的成果带给了她愉悦感和满足感。

笔者观点

对待工作的态度决定了生命的两种层次:一种是追求生存,工作的目标是赚钱吃饭,把工作当作是维持生存的工具;另一种是追求生命,工作的目标是开创生涯的事业,把工作当成一种事业去经营,全身心地投入。

三、工作的功能

通过以上对工作意义的讨论,我们了解到获得收入只是工作的一项最基本的可能达成的目的。为了经营一个适合自己的良好的生活形态,一个人需要去寻找一项让自己愿意投入一生的生涯事业。这一份适合你的工作,应当符合你的兴趣,符合你的价值观,与你的能力和性格特征相匹配,而且还能够提供机会让你展现优势和能力,从而使你获得满足感和成就感。由于工作的需要,一个人会不断地学习和成长,从而"聚沙成塔、滴水成河",个人的成长以及工作的成果,对于整个社会来说,也是一份重要的贡献。专家告诉我们,一份工作可能达成的目的包括三个方面:经济的(如物质需求的满足)、社会的(如社会关系的建立,社会责任的满足)和心理的(如自我肯定的获得)。

对个人来说,工作主要具有以下四种功能。

1. 满足经济、安全需求的功能

人通过工作获得经济收入,维持生计,维持经济的独立,这是工作对人的最基本的功能。有了工作收入,人们就可以购买生活所需要的物品和服务,如果工作努力,获得较高的收入和奖金,还可以提高生活品质。同时,因为有了工作,可以获得各项劳动保障和医疗保障,也有钱支付各种保险的费用,将来遇到疾病、意外、工作伤害以及退休时,不至于生活没有着落,因此人们对未来的生活就有了安全感。

2. 满足社会交往需求的功能

人是社会化的动物,社会交往也是人的基本需求之一。工作场所可以说是人的最主要的社会交往场所,通过工作,一个人能够接触到家庭以外的其他人,进而建立自己的社会关系网络。通过这个社会关系网络,人与人之间能够相互沟通、相互支持、共同成长。

3. 满足自尊的功能

工作给人带来经济上的独立,而经济上的独立使得人格的独立成为可能,因为能够独立生活,不必靠别人养活自己,所以在生活上也能够有自主决定的权力,不必受他人的控制。工作的完成使个人感到自己存在的价值,觉得自己被他人和社会需要,带来自我的价值感。而且,工作的职位可以使人获得社会声望,带来一种被人敬重的认同感。

4. 发挥自我实现的功能

如果工作成为个人全身心为之投入的事业,人们就能够通过工作来施展自己的抱负,获得一种胜任工作从而对社会做出贡献、使自己的生活目标得以实现而产生的肯定、愉快和成就感,这时就达到了自我实现的境界。

因此,工作对于一个人的生涯来说具有非常重要的意义,我们需要全面地认识工作的功能和意义,慎重地选择和经营我们的工作和事业。

【案例启迪】

小薇中专毕业后,凭着自己的幼师专业知识和技能,成为一名优秀的幼儿教师,每个月都有固定的收入,个人和家庭生活都有所保障。小薇性格热情活泼,善于和儿童沟通,专业技能也比较突出,从事幼儿教育多年来,因为工作表现好获得了领导和同事以及家长的肯定和好评。每当看见一个个活泼可爱的孩子在自己的教导和爱护下茁壮成长,小薇觉得特别欣慰和有意义,而且实现了自己的人生价值,因此为自己从事的工作而感到骄傲。

【笔者观点】

工作不仅是个人获得劳动报酬、谋求生存的手段,而且是履行社会职责、为社会做贡献的岗位,更是发挥个人才能、实现人生价值的舞台。

【知识链接】

《中华人民共和国工种分类目录》将我国的工种划分为 46 类 4700 个,遍及各行业(见表1-1)。每一个工种都包括编码、工种名称、工种定义、适用范围、等级线、学徒期及熟练期等内容。

表1-1 中华人民共和国工种分类目录表

序号	工 种	序号	工 种	序号	工 种	序号	工 种
1	民政	9	商业	17	对外经济贸易	25	农业
2	水利	10	地质矿产	18	化学工业	26	轻工业
3	广播电影电视	11	建筑材料工业	19	海洋	27	新闻出版
4	中医药	12	电子工业	20	石油工业	28	石油天然气
5	印钞造币	13	旅游	21	物资	29	林业
6	建设	14	冶金工业	22	纺织工业	30	铁道
7	体育	15	民用航空	23	测绘	31	技术监督
8	环境保护	16	船舶工业	24	有色金属工业	32	矿山采选业

续表

序号	工 种	序号	工 种	序号	工 种	序号	工 种
33	机械工业	37	航空航天工业	41	电力	45	海洋石油
34	交通	38	邮电	42	文化	46	其他
35	黄金工业	39	烟草工业	43	医药		
36	核工业	40	兵器工业	44	汽车工业		

【职业思考】

1. 你是否能分清工作与职业？你有明确的工作意向吗？试着列举几个。
2. 结合工作的意义和功能，想一想你想要从事的工作对你自己来说要实现哪些功能。

第三节 职业生涯规划

谁说没有考上大学的孩子不算成才

著名教育家吕型伟先生曾经讲过这么一个故事：有一个家庭，父母都是大学教授，儿子却连普通高中也没考上，最终只能上职高，学习做糕点。起初，教授夫妇也"感觉丢脸"。后来儿子成了糕点制作专家，拿到了全市轻工手艺制作糕点比赛的第一名，大批的五星级饭店抢着要他。当外国领事馆和外国的大宾馆也来聘请他时，教授夫妇为拥有这样一位儿子"感到骄傲"。谁能说这位没有考上大学的孩子不算成才呢？

不管做什么，只要目标明确，每个人都有可能成才，只不过是成才的领域和成功的标准不同。

一、职业生涯解读

1. 职业生涯的含义

职业生涯，指一个人一生从事职业活动的全过程。围绕职业，人的一生大致可分为三个阶段：从业准备阶段、从业阶段、从业回顾阶段。

从出生开始，直到完成学校的学习，开始从事某种职业以前，都属于从业准备阶段。我们进入中职学校以后的活动，几乎都是为职业生涯发展做准备的，不但为首次就业做准备，而且为今后的职业生涯发展奠定基础。

从业阶段是人生的主要阶段。职业生涯的长短与个人的职业能力、健康状况等有关。职业与人生的关系集中体现在两个方面：一是人们通过职业活动满足多种需要，其满足程度反映出职业生涯发展的程度；二是人的职业活动是一个不断学习、不断积累、不断提升和发展的过程。

人生的第三个阶段是从业回顾阶段。此阶段与职业的关系主要体现在两个方面：一是依靠从业阶段的积蓄和通过社会养老保障制度得到的回馈,即养老、医疗等方面的福利,安度晚年;二是通过回顾职业生活,不同程度地指导和影响年轻人的职业生涯的发展。

2. 职业生涯的特点

职业生涯也和其他事物一样,有它自身的规律和特点,研究它可以更好地帮助我们进行职业生涯规划设计。综合起来,职业生涯主要有以下几个特点。

1) 可规划性

由于每个人的情况不同,职业生涯的发展过程中又充满了各种偶然因素,因此许多时候,人们以为是偶然因素在左右他们的前程。但是从长远来看,职业生涯的发展是可以规划的。因为偶然因素的存在一定有必然因素在起作用,偶然存在于必然之中。况且,职业生涯规划的目的,不是预言职业生涯发展过程中的具体细节,而是给个人提供一个总体的职业生涯发展规划的指导,对职业生涯发展方向做出战略性的把握。职业生涯的可规划性正是体现在对职业生涯发展过程中许多偶然因素的把握上,以克服在职业生涯发展中因偶然因素而导致的盲目性为目的。

2) 不可逆转性

"人生无草稿",这句话生动地说明了职业生涯发展的不可逆转性。职业生涯发展的不可逆转性是因为人的自然成长和发展过程是不可逆转的,一个人由幼年到老年,这是一个自然发展的过程,它必须遵守从生到死的规律,想重来是不可能的。任何一个人的历史都是不能随意篡改和抹杀的,每个人的经历也都不可能按照自己的想法从头再来一次,只能在原来的基础上一步步地走下去。职业生涯发展的不可逆转性提醒人们要充分重视职业生涯发展中的每一步,因为今天的每一个选择,都可能影响你的下一个选择。事实上,人们常常有"一着不慎,满盘皆输"的经验和感受。正确认识职业生涯的不可逆转性的目的就是好好地规划自己,不给自己留下"如果能重来"的遗憾。

3) 差异性

每个人所从事的职业不同,个体状态不同,职业生涯就会有很大的差异性。由于多年在工作岗位上的历练,每个人无论在生理、心理、习惯还是行为模式上都会打上这个岗位的烙印,从而形成不同的职业生涯状态。特别是一个人由于心态、思想和价值观不同,面对岗位工作就会有不同的感受,就会向着自己潜意识支配着的职业生涯方向发展,随着时间的推移,这种职业生涯的差异性就会越来越明显。正是由于这种差异性的存在,每个人的职业生涯规划才是个性化的。职业生涯规划越是个性化,其对自己的职业生涯发展越具有切实的指导意义。差异性并不妨碍人们对职业生涯发展规律的认识和运用。在职业生涯规划过程中,对职业生涯发展规律把握得越深刻,对职业生涯的差异性认识得越充分,自己的职业生涯规划就会越有针对性。

4) 阶段性

与人的自然生长规律相一致,职业生涯的发展具有阶段性。这种阶段性一般以工作年限为主要特征,而且每一个阶段都会表现出不同的特点来。除了准备阶段以外,每个阶段都以岗位工作为中心展开,并表现出各阶段的不同。各阶段之间并不是并列关系,前一阶段的状态是后一阶段的基础,前一阶段的状态越好,后一阶段的状态才可能越好。前后阶段的接续关系无论是趋好还是趋坏,一般都是递进的。因而,注意职业生涯发展的阶段性,高质量、顺利地完成各阶段的任务,对职业生涯的持续发展就显得非常重要。

5) 发展性

职业生涯是一个人一生连续不断的职业发展过程。随着时间的推移,不管自己是否愿意,每个人都会在这个过程中成熟起来。有明确目标和强烈进取精神的人会成熟得快一些、好一些,相反就成熟得慢一些、差一些。正像春种秋收一样,生长是必然的,但由于种种原因会使得收获的多少有很大的差异。发展性在职业生涯中的表现是多方面的。人们通过持续不断地提高个人修养来全面提升自己,使自己一步步地成长起来。通过一个个人生追求的实现来促进个人价值的提升,去承担越来越重要的社会角色;通过有效的技能训练来提高自己的职业化水平,使自己成为某一方面的专家。如此一来,个人职业生涯发展的结果是整个社会的进步和发展的体现。如果我们在职业生涯中能够注重发展性,就会主动发现和抓住每一个职业生涯发展的机会,使自己更快、更好地成熟起来。

案例启迪

小王是西安一家知名高校的本科应届毕业生,在学校成绩不错,人也很聪明,找工作也比较顺利。四月份他签约了西安一家大型企业,企业发展前景很好,他想工作后应该能很快地提升自己。至于待遇问题,小王当初和公司的约定是由于还未正式毕业,三个月的试用期算是实习期,发500元的生活费,实习期内表现优秀可顺利转正,享受公司的正常工资和福利待遇。由于景仰这家公司的名气和管理,小王也没在乎500元的生活费是不是太低,就一口答应了下来。工作两个月后,不经意间,小王从其他员工处了解到,当初和他一块进公司的还有其他员工,其中和他同在一个部门的女孩王艳毕业于某民办高职,在办公室做文秘工作,而王艳实习期间的生活费是800元。知道这个情况后,小王心里很不平衡,自己一个毕业于西安知名高校的本科大男生,工作后的第一次交锋就败在了民办高职的女孩手中,他不知道该如何接受这个事实。接受了,是不是承认自己无能?不接受,离开公司,心里也舍不得这份来之不易的工作。他搞不清楚,为什么公司对实习生的待遇不一样?小王陷入了进入职业圈后的第一次苦恼、迷茫中。

笔者观点

人要想获得职业生涯的成功,第一,应该清楚自己的每一个目标,为了达到自己的目标,中间发生的任何问题都应该承受得住,除非一些非常不合理的、原则上的问题。第二,要看这家公司是不是"规矩"公司,它的各方面规定、企业文化你是否认可,如果不认可,就要赶快寻找自己新的出路;如果认可,最好留下来继续工作并学习你在学校学不到的东西。第三,公司一般不是根据学历、经历、性别来确定员工的薪水待遇的,而是根据员工的工作岗位、工作量、工作成绩等来确定的。要想拿到高的薪水,就得努力工作,多出成绩。第四,刚毕业的大学生要给自己一个合理的定位。如今大学毕业生不能算是人才,更不能算是特殊人才,大学生被称为"香饽饽"的年代已经一去不复返了。大学教育由过去的精英教育转为现在的大众教育,大学毕业生只能说是受过大学教育的有一定知识的劳动者。这类劳动者要想在以后的职业生涯中有所作为,还需在今后的工作中不断地学习与磨炼自己,做好了量的积累,才能有质的飞跃。

3. 职业生涯的发展阶段

职业生涯的发展阶段常常随着年龄的增长而变化。尽管每个人从事的具体职业各不相同,但在相同的年龄阶段往往表现出大致相同的职业特征、职业需求和职业发展任务。据此,一个人的职业生涯可分为五个不同的阶段。

1) 职业准备期

一般为0~22岁。这一时期的主要任务是为职业的发展而接受教育,发展及发现个人的价值、兴趣和能力,积极培养自身良好的品德,学习各种文化知识,培养各种能力,为下一阶段的奋斗打下坚实的基础。

2)职业探索与适应期

一般为22~30岁。主要任务是在职业和组织中确立自己的位置,包括适应环境和工作条件,调整职业期望,建立初步的人际关系,掌握工作流程。此时刚刚步入社会,社会经验不足,处事不够老练,需要多学多问,获取长辈乃至同辈的教导和经验,以利于下一阶段的继续发展。

3)职业稳定期

一般为30~40岁。任务是积极开创自己的事业,争取获得更大的发展空间。在这个阶段,人们承担起了工作责任,发挥并发展了自己的能力,积累了比较丰富的经验,为提升自己或进入其他行业领域打下了基础。

4)职业成熟期

一般为40~55岁。主要任务是根据形势的变化和自身的条件,不断修订事业目标,攀上新高峰。学会为别人承担责任,从别人的成就中感到满足,平衡工作和家庭的关系。

5)职业隐退期

一般为55岁以后。大多数人对成就和发展的期望减弱,而希望维持自己目前的地位和成就,开始注重个人感兴趣的事。

二、职业生涯规划与人生发展

(一)职业生涯规划的含义

在我们的脑海里,也许都有过一幅或模糊或清晰的关于自我未来职业的画面,比如当老师,当厨师,当工程师,当医生,创立自己的公司……这些都是粗略的职业生涯规划,那么,什么才是职业生涯规划呢?

几年前,我听过一个重要人士对南卡罗来纳州一个学院的全体学生发表的演说。那个学院规模不大,我到场时,整个礼堂都坐满了兴高采烈的学生,大家都对有机会聆听到这位知名人物的演说而兴奋不已。演讲者走到麦克风前,眼光对着听众,由左向右扫视一遍,然后开口说道:"我的生母是聋子,没有办法说话。我不知道自己的父亲是谁,也不知道他是否还在人间。我这辈子找到的第一份工作,是到棉花田里去做事。"台下的听众都呆住了。"如果情况不尽如人意,我们总可以想办法加以改变。"

她继续说:"一个人的未来怎样,不是因为运气,不是因为环境,也不是因为生下来的状况。"她轻轻地重复方才说过的话:"如果情况不尽如人意,我们总可以想办法加以改变。"

"一个人若想要改变眼前充满不幸或不尽如人意的情况,"她以坚定的语气往下说,"只要回答这个简单的问题:我希望情况变成什么样?然后全身心投入,采取行动,朝理想目标前进即可。"接着她的脸上绽放出美丽的笑容。她就是阿济·泰勒·摩尔顿,曾任美国财政部长。

笔者观点

摩尔顿的故事告诉我们,要设计自己的目标和达标路线,并实实在在地采取行动,这就是一种职业生涯规划。

职业生涯规划是指个人对自己一生职业发展道路的设想和谋划，是对个人前途的瞻望，是实现个人理想的前提。它包括选择什么样的行业、什么样的职业、什么样的组织，想取得什么样的成就，想过一种什么样的生活，而为了达到这些目标，你应该如何制订你的学习和工作计划。对于中职生而言，职业生涯规划就是在对自我和职业世界认知的基础上，根据自己的专业技能、兴趣、性格、价值观，结合社会环境，对将来要从事的职业以及要达到的职业目标做出方向性的选择，并为此制定出具体可行的实施方案。

（二）职业生涯规划的重要性

职业活动将伴随我们的大半生。人一生中最好的时光都在从事着与职业相关的事情，我们在青年、中年时期，一天中精力最充沛的时光也是在工作中度过的。据粗略统计，如果一个人能活到 80 岁，那么他在世界上的日子是 29 200 天，假设你的工作年龄为 20～60 岁，那么花费在工作上的时间有 40 年，将近 15 000 天。拥有成功的职业生涯才能实现完美人生，因此，职业生涯规划具有特别重要的意义。

第一，职业生涯规划可以发掘自我潜能，增强个人实力。

一份行之有效的职业生涯规划将会引导你正确认识自身的特质以及现有和潜在的资源优势，帮助你重新对自己的价值进行定位并使其持续增值；帮助你对自己的优势和劣势进行对比分析；帮助你树立明确的职业发展目标与职业理想；引导你评估个人目标与现实之间的差距；引导你做出与实际相结合的职业定位，搜索发现有潜力的职业机会；帮助你学会如何运用科学的方法，采取可行的步骤与措施，不断增强你的职业竞争力，实现自己的目标与理想。

第二，职业生涯规划可以增强发展的目的性和计划性，提升成功的机会。

职业生涯发展要有计划、有目的，不可盲目地"撞大运"。很多时候我们的职业生涯受挫就是由于职业生涯规划没有做好。好的计划是成功的开始，古语讲，"凡事预则立，不预则废"，就是这个道理。

第三，职业生涯规划可以提升应对竞争的能力。

要想在激烈的就业竞争中脱颖而出并立于不败之地，就必须设计好自己的职业生涯规划，这样才能做到心中有数。不少的毕业生首先不是坐下来做好自己的职业生涯规划，而是拿着简历与求职书到处乱跑，总想会撞到好运找到好工作，结果浪费了大量的时间和精力，到头来却是感叹招聘单位不能"慧眼识英雄"，认为自己"英雄无用武之地"。这部分学生没有充分认识到职业生涯规划的重要性，认为职业生涯规划纯属纸上谈兵，这是一种错误的理念。

我们都渴望事业的成功，但并非人人都能如愿。了解自己、有坚定的奋斗目标，并按照情况的变化及时调整自己的计划，才有可能获得成功，这就需要进行职业生涯的自我规划。

案例启迪

李慧，今年 26 岁，大学毕业，专业是国际金融。毕业以后进入一家中日合资企业做文员工作。一年后，李慧厌倦了整日接听电话、打字、复印、收发传真的工作，有意辞职。但正值此时，她接到了总部的培训通知，不久后就被送到日本，开始了为期三个月的日语培训。李慧想："公司花那么大的投入，送我到国外去培训，一定是想重用我了。"于是满怀希望，认真学习，日语进步很快。可是回国后，左等右等，也没有任何关于升迁或者加薪的消息，仍然做着接电话、打字的工作。这下李慧真的失望了,于是提出辞职,回到学校当起了老师。可是不久,李慧又对教师工作的平淡开始不耐烦了。看着以前的大学同学,有的成了部门经理,开着轿车;有的月薪过万,过着金领的生活……心里的不平衡感日益严重。可如何改变眼前的局面呢?李慧看到现在社会上MBA很热门,于是辞去了教师的职务,报考了全日制的MBA。她说,有MBA文凭可以找到好工作。有人又问她:"那么什么是好工作呢?"李慧沉默了,许久才说:"你给我一份工作,我就可以感觉出它好不好。"

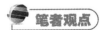

李慧为什么会有这样的困惑?你认为什么样的工作是好工作?首先,李慧根本没有弄清她究竟想干什么。做行政工作,没有挑战性;当教师,又不甘清贫;读MBA,也不清楚目的。她想要"好工作",却又对"好工作"没有明确的界定。所以,她所能做的也仅仅是等"好工作"来找她,却永远也不可能积极主动地去寻找好工作。她缺少的正是一个职业生涯规划。不仅李慧需要职业生涯规划,凡是渴望成功的人都需要职业生涯规划。

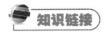

哪些人最需要职业规划?

职业规划对任何人都有一定帮助,但以下人群最需要:
(1) 即将走出校园的毕业生,不知道如何选择工作;
(2) 面临求职困惑,投过一些简历,但是还没有什么回复;
(3) 面临专业选择困惑,不知道如何选择;
(4) 面临多个工作机会的选择,需要理清自己的思路;
(5) 不了解自己,对未来感觉迷茫,不知道自己究竟适合什么职业;
(6) 不喜欢现在的工作,却又不知道该找什么工作好;
(7) 对目前的工作不满意,不知道是该换公司、换行业,还是换岗位;
(8) 职业发展遇到瓶颈,不知道如何突破;
(9) 对未来的工作发展没有把握,需要找准方向;
(10) 看着同学和成功人士,感觉自己始终没有积累,怀疑自己选错了专业。

(三) 中职生职业生涯规划的特点

不同的职业生涯阶段有不同的发展任务,中职生处于职业准备和建立阶段,主要任务是建立自信心,学习专业知识和技能,积累经验,培养以敬业精神为核心的人文素质和以职业技能为核心的职业素养,积极探索自我和职业世界,根据社会需要和自身的素质及自身的愿望,学习尝试做出合理的职业决策。因此中职生的职业生涯规划是以探索自我和职业世界、提高自身竞争力为主轴开展的学业生涯规划,同时兼顾初次就业目标的实现和发展。

第一,专业定向后首次就业。初中生和高中生没有专业定向,他们规划的重点在于能否升学以及如何升学,侧重于选择适合自己的发展方向或专业。而中职生的专业已经定向,即将走向社会。中职生与已经有职业经历的人的职业生涯规划也不同。有职业经历的人,职业生涯规划是在熟悉职场的基础上,以晋升或调整发展方向为目的而进行的职业生涯规划;而中职生是初次就业,应结合所学专业,自觉提高自身的职业素质和职业能力,努力调整与发展自己的个性,争取创造美好的未来。

第二,必须面对就业难的现状。中职生面临激烈的就业竞争,不能过分强调"人选职业"。我国是发展中的人口大国,就业难将在相当长的时期内存在,所以我们必须面对劳动力供大于求的现实。对职业生涯进行规划,有助于我们树立正确的就业观、择业观。

第三,引导自己形成终身学习的理念。在制定职业生涯规划的过程中,随着目标、方法的明确,自信心的建立,就会从以往无目的的学习向有目标的学习转变,由被动学习向主动学习转变,会发现"学习其实很有意义",不但会形成终身学习的理念,还能激励自己珍惜时间、努力学习。

第四,指导自己就业和创业。就业就是为自己、为家人、为社会尽责任。首次就业是职业生涯发展的起点,只有就业以后才能积累工作经验,而有工作经验往往是许多用人单位招聘的前提条件。我们应当了解就业形势,懂得"先就业,后择业"的道理,在为自己的职业生涯做准备时,有意识地学会求职的基本方法和途径,以顺利完成首次就业。创业既是就业的一种形式,也是职业生涯发展的一个飞跃。进行职业生涯规划,可帮助中职生树立正确的创业观,形成创业意识,掌握创业的基本方法和途径,确定适合自身条件的创业目标。

第五,必须把个人发展与经济社会发展联系起来。我们在进行职业生涯规划时,要把个人发展与经济社会发展联系起来,把个人自信自强、积极向上的精神与国家兴亡联系起来。

案例启迪

陈美,毕业于一所职业学校,学的是酒店管理专业,她实习的时候曾经接待过一位广告公司的行政经理。陈美热情周到的服务给这位行政经理留下了深刻的印象,于是这位行政经理邀请陈美到他的公司做前台接待,而这时陈美的实习单位(酒店)也有意留下她。陈美权衡再三,觉得自己更希望做一名广告人,于是就选择了那家广告公司。在接下来的长达四年的从前台接待到文秘的职业生涯中,陈美在完成好自己本职工作的同时,还注意处处观察学习,有针对性地参加一些培训,主动参与一些广告创意的设计。四年后,当另一家广告公司请她去做行政主管时,陈美却出乎意外地提出希望成为一名创意助理。尽管这个职位的待遇比行政主管低了很多,但她却由此正式踏上了广告行业的专业岗位。现在,陈美已经是这家公司的业务骨干了。她给自己定下的十年目标是成为公司的创意总监。回顾自己毕业以来的生活,陈美感觉自己过得非常充实且富有激情。

笔者观点

陈美是一位拥有很强的职业规划能力的人,她的规划能力使她在人生的十字路口很容易地做出了选择,因为她知道自己愿意努力的方向。在未来的人生中,我们每个人都会面临很多难以预料的事,也可能会碰到很多机会,需要我们做出选择。职业生涯规划就像大海中的灯塔,让我们始终把握方向,树立信心,发掘自己的潜力。职业生涯规划是一种观念,首先你要建立职业生涯是可以规划的概念,做自己职业生涯发展的主人;然后还要明确,职业生涯规划是一种实践技能,需要你在实践中不断地磨炼与提高。就让我们从现在开始,锻炼和提高我们职业生涯规划的能力吧!

【职业思考】

1. 问卷调查（每人发一些纸，不记名）。分析调查下列问题，得出结论。
（1）家庭成员从事的职业情况是怎样的？
（2）职业具有哪些特征？
（3）职业对于家庭生活有什么重要作用？
2. 请你介绍几种被淘汰的职业和新兴职业。
3. 了解自己所学专业的职业类别和职业前景。

第二章
职业理想与职业道德

ZHIYE LIXIANG YU
ZHIYE DAODE

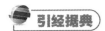

卧薪尝胆

春秋时期,吴王夫差凭着自己国力强大,领兵攻打越国。结果越国战败,越王勾践被抓到吴国。吴王为了羞辱越王,因此派他做看墓与喂马这些奴仆才做的工作。越王心里虽然很不服气,但仍然极力装出忠心顺从的样子。吴王出门时,他走在前面牵着马;吴王生病时,他在床前尽力照顾,吴王看他这样尽心伺候自己,觉得他对自己非常忠心,最后就允许他返回越国。

越王回国后,决心洗刷自己在吴国当囚徒的耻辱。为了告诫自己不要忘记复仇雪恨,他每天睡在坚硬的木柴上,还在门上吊一颗苦胆,吃饭和睡觉前都要品尝一下,为的就是要让自己记住教训。除此之外,他还经常到民间视察民情,替百姓解决问题,让人民安居乐业,同时加强军队的训练。

经过十年的艰苦奋斗,越国变得国富兵强,于是越王亲自率领军队进攻吴国,也成功取得胜利,吴王夫差在战败后自杀。后来,越国又乘胜进军中原,成为春秋末期的一大强国。

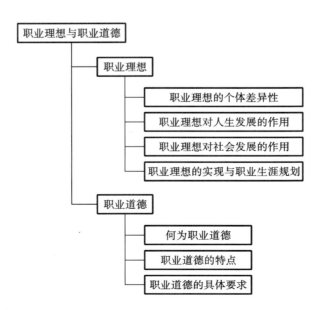

第一节　职业理想

一个 10 岁孩子的美国总统梦

阿诺德·施瓦辛格 10 岁时，就有三个梦想：成为世界上最强壮的人，成为电影明星，成为成功的商人。

1. 制订计划并实施

（1）成为有影响力的名人——练健美，进而成为电影明星。自 18 岁获得欧洲健美冠军以后，施瓦辛格怀揣 20 美元到好莱坞闯荡天下，想要做个电影明星。演员生涯的成功，为他成功进军商业打下了坚实的基础。

（2）获得坚实的财团基础。他娶了一位很有背景的女子——肯尼迪家族的后裔玛利亚。

（3）成为一个成功的商人。在威斯康星大学攻读商业和经济学，迅速成为拥有 20 亿美元身价的亿万富翁。

（4）竞选成为美国加州州长——离梦想又近一步。2003 年，年逾五十七岁的他，告老退出了影坛，转为从政，成功地竞选成为美国加州州长。

（5）下一个目标——竞选美国总统。

2. 施瓦辛格人生之旅

四十多年前，一个十多岁的穷小子，自小生长在贫民窟里，身体非常瘦弱，却在日记里立志长大后要做美国总统。如何能实现这样宏伟的抱负呢？年纪轻轻的他，经过几天几夜的思索，拟定了这样一系列的连锁目标：

做美国总统，首先要做美国州长，要竞选州长必须得到雄厚的财力后盾的支持，要获得财团的支持就一定得融入财团，要融入财团最好要娶一位豪门千金，要娶一位豪门千金必须成为名人，成为名人的快速方法就是做电影明星，做电影明星前得练好身体练出阳刚之气。

按照这样的思路，他开始步步为营。某日，当他看到著名的体操运动主席库尔后，他相信练健美是强身健体的好点子，因而萌生了练健美的兴趣。他开始刻苦而持之以恒地练习健美，他渴望成为世界上最结实的壮汉。三年后，借着发达的肌肉及一身似雕塑的体魄，他开始成为"健美先生"。

在以后的几年中，他囊括了欧洲、全球、奥林匹克的"健美先生"称号。22 岁时，他踏入了美国好莱坞。在好莱坞，他花费了十年时间，利用在体育方面的成就，一心去表现坚强不屈、百折不挠的硬汉形象。终于，他在演艺界声名鹊起。当他的电影事业如日中天时，女友的家庭在他们相恋九年后，也终于接纳了这位"黑脸庄稼人"。他的女友就是赫赫有名的肯尼迪总统的侄女。

婚姻生活恩爱地过去了十几个春秋。他与太太生育了四个孩子，建立了一个典型的"五好"家庭。2003 年，年逾五十七岁的他，告老退出了影坛，转为从政，成功地竞选成为美国加州州长。他的下一个目标就是美国总统。

笔者观点

职业生涯本身就具有阶段性,任何事情都不是一蹴而就的。对职业生涯的设计或规划,就是要对人才与职业的阶段性进行匹配与再规划。一个理性的、明晰的职业生涯规划能够有效地经营未来。阿诺德·施瓦辛格很早就对自己的人生道路进行了规划,以层层递进的形式逐步接近自己的目标,实现自己的梦想。最终使他完成了从贫民窟的孩子到百万富翁影星的转变,进而完成了从影星到政客的转变。

人们对美好生活的向往和追求要通过职业活动来实现。所以,职业理想的确定,就等于为自己确立了人生最主要的奋斗目标,确立了人生的总体定位。中职生应当充分认识社会大环境,根据自身的客观条件,树立正确的职业理想,按照职业理想的指引来规划自己的人生。

一、职业理想的个体差异性

职业理想是个人对未来职业的向往,职业理想可以确立人生的总体定位和追求的目标。职业理想并不是虚无缥缈的,而是具体、现实的。"具体"是指这种向往和追求不仅是努力的具体方向,而且指向十分具体的职业岗位,并形成不断晋升的岗位阶梯。"现实"是指这种向往和追求建立在社会现实和个人现实的基础上,有实现的可能性,不是脱离实际的空想,而且要根据现实的变化不断做出调整。

职业理想来源于现实,带有明显的个性化特点。职业是具有多样性的,一个人选择什么样的职业,与他的价值取向、知识结构、能力水平、兴趣爱好等都有很大的关系。政治思想觉悟、道德修养水准及人生观决定一个人职业理想的方向;知识结构、能力水平决定一个人职业理想追求的层次;个人的兴趣爱好、气质性格等非智力因素,以及性别、身体状况等生理特征,也影响着一个人的职业选择。因此,职业理想具有一定的个体差异性。

案例启迪

毕业于贵州某中职院校学前教育专业的杨玉琳,被推荐到遵义某民办幼儿园当教师。五年多的时间里,杨玉琳年年被评为先进个人,被破格提升为副园长。

杨玉琳的职业为何发展得这样快,在如此短的时间内有如此骄人的成绩,原因在于入校之时,她就与众不同地规划了自己的职业生涯,树立了自己的职业理想,所选专业是自己最热爱的专业,又是当时最热门的专业。她潜心学习、遵章守纪,认真学习专业知识和技能,尤其养成了良好的行为习惯、职业道德修养,每期成绩都在年级前三名,颇受领导、老师器重。在校期间,她先后担任班长、团委组织部部长、学生会副主席。进入幼儿园后工作时总是兢兢业业、充满笑容,深受领导、同事的好评。有一次幼儿园领导暗中考察她,找出了她的一个错误,将她贬到后勤,搞卫生、擦地板。三个月的劳动锻炼,杨玉琳无怨无悔,仍然是兢兢业业、笑意盈盈,不久就晋升为副园长。杨玉琳并没有就此满足,她正沿着自己的职业规划,向着更高的目标挺进。

笔者观点

杨玉琳的案例告诉我们,中职生应尽早地树立职业理想,进行职业生涯规划。这样,才会更加珍惜生活,认真学习,扎实练好基本功,才能经得起挫折,经得住时间的考验,成功实现职业目标。

有了职业理想,既明确了人生的总体定位,也意味着找到了现实与理想之间的通道。沿着这一通道,我们可以规划人生发展各阶段的具体目标。可以说,职业理想是一个"远景规划",有了这个规划,我们就可以据此确定职业发展的阶段性目标。比如,在校期间要达到什么目标?毕业五年后要达到什么目标?30岁时的目标是什么?等等。这样就能够把我们的职业理想落到实处,把一个长期的大任务,分解成一个个比较小的任务,使我们能够更好地计划每个阶段的行动。

在制定职业人生规划时必须要注意的是:首先,所要制定的目标要是现实的,而不是完全不可能实现的空想;其次,通往最终目标的过程要分阶段,每个阶段再设置明确的阶段性目标;最后,目标之间的相关性要高,完成和未完成的目标之间要能够自然、顺利地过渡。这样,实现目标的可能性才越高。

二、职业理想对人生发展的作用

一个人只有确立了职业理想,才能努力学习和工作。职业理想是个人成长的动力,只有不断进取,才能在平凡的工作岗位上勤勤恳恳、任劳任怨,创造出不平凡的业绩。反之,如果一个人缺乏职业理想,就会失去学习和工作的动力,浑浑噩噩、庸庸碌碌、虚度一生。职业理想既能促使我们不断提高自身素质,为获得理想的职业做好准备,又能推动我们的职业生涯不断地向前发展。一个人在能力所及的范围内,追求的目标越高,直接激发的动力也就越大,潜力就越能得到充分的发挥。

中职生应该根据自身特点及社会发展的需要,确立正确的职业理想,并用职业理想在最艰苦、最困难的时候激励自己,使自己能够更快、更好地成长,为即将开始的职业生涯做好准备。

桥梁专家茅以升的职业理想

著名桥梁专家茅以升从小好学上进、善于思考,11岁时他在家乡看到端午节龙舟比赛中桥塌人亡的悲惨情景,于是暗下决心:长大一定学造桥。从此,他处处留心桥、观察桥,15岁时,以优异的成绩考入唐山路矿学堂学习。在5年里,他记了200本笔记,约900万字,摞在一起,足有一人多高。他学成以后,就开始为人民造桥。1937年,他主持设计和建造了中国桥梁建筑史上第一座现代化大桥——钱塘江铁路公路两用桥。

笔者观点

茅以升的名字和我国许多新建大桥一起,永远留在祖国的大江南北。他实现了个人的职业理想,也实现了为人民造福的宏愿。

无论从哪个层面去实现人生价值,总要依托某一职业,因此,对职业理想的追求必然会促进人生价值的实现。

有正确职业理想的人,会对自己的职业前途充满信心,乐于把精力倾注到自己热爱的事业中去,活出闪亮的自我,实现个人价值。有正确职业理想的人,会认识到自己对社会的责任,有"螺丝钉"的精神,爱岗敬业,做好每一项具体工作,在实现自己的职业理想的同时创造社会价值,回馈社会。

作为一名有志青年,我们要用职业理想激励自己实现人生价值,还要服务社会、回报社会,在推动社会进步的过程中提升自我。

三、职业理想对社会发展的作用

每个人都是社会的一分子,每个人在自己的工作岗位上辛勤工作,就是为社会、为人类做出了自己的贡献。个人职业理想的树立和为之付出的努力,在客观上推动了社会的发展和进步。

职业有明显的社会性,每个人从事的职业活动,既是在为实现自己的职业理想而努力,也是在为社会创造价值,履行着公民对社会应尽的义务。

如果每个职业人都乐业、勤业、敬业,各行各业都正常运转,社会就会不断向前发展。而能使职业人乐业、勤业、敬业的最佳动力就是职业理想。每个职业人如果都能坚守自己的职业理想,在职业理想的引领和激励下努力工作、奋发有为,主动把精力倾注到自己的职业活动中,就一定能在实现个人职业生涯发展的基础上,推动经济发展,促进社会进步,实现全社会的共同理想。

案例启迪

为中华之崛起而读书

1910年夏,12岁的周恩来转入奉天关东模范学堂读书。有一次,老师提出"为什么读书"的问题要同学们回答。有的说"为了明礼而读书",有的说"为了光宗耀祖而读书",当老师问到周

恩来时,他站起来响亮而严肃地回答说:"为中华之崛起而读书。"充分表达了少年周恩来要为祖国独立富强而发奋学习的宏伟志向。1917年,19岁的周恩来为了寻求救国救民的真理,远涉重洋到日本留学。临行时赠给同学一首诗:"大江歌罢掉头东,邃密群科济世穷。面壁十年图破壁,难酬蹈海亦英雄。"表示他决心钻研社会科学,挽救国家的危亡,以古人那种"面壁十年"的刻苦精神,来改造当时的社会,即使壮志难酬,蹈海而死,也不愧为中华儿女,充分表现了他年青时代的远大抱负。

笔者观点

周恩来一生为国为民鞠躬尽瘁,死而后已。他在青少年时代,就富有革命理想,立志为兴我中华而读书。在这种宏伟理想的指引下,周恩来一生孜孜不倦地工作,为新中国的成立及富强做出了举世瞩目的贡献。

知识链接

职业理想与社会贡献

从古至今,从国内到国际的许多科学家、发明家和思想家,发挥自己的聪明才智,在实现自己职业理想的同时,为人类、为社会做出了巨大的贡献。例如,战国时期修建的都江堰水利工程,就是决心变水患为水利的李冰父子的杰作,至今仍发挥着水利工程的作用;"杂交水稻之父"袁隆平的水稻杂交技术,有助于解决十几亿中国人的吃饭问题,对人类发展也是一大贡献;以比尔·盖茨为代表的计算机专家开发的计算机软件系统,让个人电脑进入了世界的每一间办公室、每一个家庭,使人们在任何时候、任何地方都可以获得信息,享受网络时代带来的便利。

四、职业理想的实现与职业生涯规划

一个人选择什么样的职业,通常是从职业理想出发的,有兴趣、符合个人爱好是做好这项工作的首要前提。

随着社会经济的发展,社会对人才的要求越来越高。这就要求我们从入学开始就要有明确的方向,对自己的未来有自己的思考。毕业后我想做什么?要实现自己的目标需具备哪些条件?两年的在校学习和一年的企业实习期间,如何才能一步步地达到自己的目标?事实上,这就是一种职业生涯规划。它可帮助我们更早地确立自己的目标,树立适合自己的职业理想,不断提高自己的知识能力和专业操作技能,建立良好的人际关系,适应现代社会对人才的需求。

职业生涯规划是人生规划,是成功实现职业理想的桥梁。它能够将个人的职业理想具体到日常的学习生活中,使自己的活动具有目的性、条理性和计划性。职业生涯规划不仅能够帮助人正确认识现实的自己,而且能指导人合理地预期未来的自己。这既是确定职业目标的重要依据,也是制定实现目标的具体措施的基础。

案例启迪

理想是成功的翅膀,曾经有个黑人女孩受尽白人的冷眼与嘲笑。她不能在白人的餐馆里用餐;买衣服时甚至被白人拒绝试穿;在学校里,没有一个白人孩子愿意与她玩耍,没有一个白人老师瞧得起她,更说不上会关心她。她幼小脆弱的心灵一直承受着巨大的歧视,她的孤独、她的痛苦是我们无法想象的。于是,在母亲的鼓励下,一个想要得到平等对待的想法在她的心中萌芽,这将是她为之奋斗一生的目标。终于,她以顽强的意志、刻苦的奋斗,登上了白人世界里"一人之下,万人之上"的宝座,她不但得到了平等,还赢得了白人的尊重,她是谁?她的名字叫康多莉扎·赖斯,白人心中的偶像!

笔者观点

赖斯的成功,并不是一次偶然,正因为她有理想,成功的种子很早就在她心中萌芽生长,最终长成浓密的绿荫,而她的名字也将载入史册。理想,引领她步入成功的殿堂!

职业生涯规划虽然对实现职业理想很有帮助,但并不是随便做个规划就可以促进职业理想实现,职业生涯规划还必须科学、合理。什么样的职业生涯规划是科学、合理的呢?

首先,制定职业生涯规划时要瞄准职业理想,以职业理想为目标,不能偏离这一目标。

其次,制定职业生涯规划时要立足自身,从自己的实际条件出发,制定适合自己的职业生涯规划。如果对自己的情况不了解,不清楚自己想干什么、适合干什么、能干什么,就盲目制定职业生涯规划,职业理想的实现便会成为泡影。

最后,制定职业生涯规划时要综合考虑社会因素,如了解市场需要什么人才、当地有什么资源可以利用、哪些人际关系资源有助于实现职业理想等。形象地说,就是要做到天时、地利、人和。

知识链接

如何看待"天时、地利、人和"

(1)天时。要知道国家经济发展的大趋势、我国经济处于什么时期、我国在世界上扮演着什么样的角色。"天时"对每个人都是平等的,"天时"是机遇,可遇而不可求,必须做好准备,待机而动。

(2)地利。首先要了解本地区的经济特色和未来发展趋势,尽可能利用区域的经济发展机遇;其次要分析所在职业学校的特色、专业特色和毕业生就业特点、就业方向。

(3)人和。首先要了解你的家庭成员及社会关系;然后要熟悉你所在学校教师和你的同学、朋友在内的人际网络。要处理好周围的人际关系,并善于从人际网络中寻找对自己未来职业有积极意义的成员,多向他们学习,多与他们交流,从中获益。

【职业思考】

1. 如何认识职业理想的差异性?
2. 简述职业理想对个人学习的作用。
3. 职业理想对职业生涯规划有哪些影响?
4. 如果工作职责与职业理想不一致,你会怎么办?

5．拓展练习：

我的职业理想

（1）未来我最想实现的职业理想：
① _____
② _____
③ _____
④ _____

（2）每次删掉一个理想，并谈感想。
首次删除：_____
其次删除：_____
最后删除：_____

（3）必须实现这个职业理想的理由：
① _____
② _____
③ _____

（4）为了实现我的职业理想，我必须做以下努力：
① _____
② _____
③ _____
④ _____

（5）从现在开始我就要做的事情是：
① _____
② _____
③ _____

第二节 职业道德

案例导引

周扬是一名餐厅服务员，服务于一家四星级的国际酒店。她十分热爱自己的工作，认为能提供给客人舒适的餐厅服务是最大的快乐。为了不断提高自己的服务质量，她花了很多业余时间学习英语，在平时的工作中也虚心向经验丰富的同事学习，并且她始终以诚挚的微笑和热诚的服务带给客人家一般的感觉。

笔者观点

无论从事什么工作，职业道德都是第一位的。只有具备良好的职业道德，才可以做到爱岗敬业，为客户着想，从客户的角度出发，实现良好的服务，从而实现自己的职业理想。

随着我国经济的发展,市场主体日益成熟,企业用人的标准也在逐渐开始务实,一味追求高学历的标准开始动摇,适应岗位的需要和为企业创造更多的价值已成为企业选择劳动者的现实标准。中等职业学校的学生必须在掌握专业技能的同时不断提高自身的素质,而职业道德素质是职业学校学生的核心素质,所以教师应着重培养学生的职业道德素质。

一、何为职业道德

职业道德是人们在职业生活中所应当遵守的行为规范的总和。这些行为规范主要包括从事职业的人应具有的对职业本身、职业专业技术和服务对象三方面的态度。每个从业人员,不论是从事哪种职业,在职业活动中都要遵守本行业的职业道德。职业道德不仅是从业人员在职业活动中的行为标准和要求,而且是本行业对社会所承担的道德责任和义务。

在大力发展职业教育的今天,中等职业学校承担着为企业培养一线劳动者的重要职责。劳动者素质的高低是企业成败的决定性因素,没有高素质的职工,再好的企业也不能在激烈的市场竞争中站稳脚跟。有人说现代企业竞争的关键是人才的竞争,德才兼备的人才是企业最渴望、最需要的人才。

中等职业教育的目标是为经济建设和社会发展培养具备良好职业道德的劳动者和技能复合型人才。因此,中职学生不仅要具有熟练的专业技能,而且应具备良好的职业道德素养,否则难以成为社会的栋梁。

二、职业道德的特点

(1) 职业上的规范性(规范性要求)。

(2) 行动上的指导性(意识指导行动)。

(3) 行业的广泛性(职业不同,所承担的责任、义务也不同)。

(4) 传承的持续性(职业道德具有相对稳定性)。

(5) 职业道德的综合性,从业者的知识、能力乃至其他个性品行,在职业活动中往往综合地体现出来。

案例启迪

某医疗器械厂与美国客商达成了"大输液管"生产线的协议,第二天就要签字了。可是,该厂负责人陪同外商参观车间的时候,向墙角吐了一口痰,然后用鞋底去擦,这一幕让外商彻夜难眠。他让翻译给那位负责人送去一封信:"恕我直言,一个负责人的卫生习惯可以反映出一个工厂的卫生管理素质。况且,我们今后要生产的产品是用来治病的输液管。贵国有句谚语:人命关天!请原谅我的不辞而别……"一项即将谈成的项目,就这样"吹了"。

笔者观点

职业道德指导着一个人的职业行为。上面案例中,负责人随地吐痰的行为,充分展露出其平时不注重职业道德修养,从而表现在日常细节中。细节决定成败,职业道德的缺失往往会造成非常严重的后果。

三、职业道德的具体要求

在讨论职业道德的具体要求时，先要解决一个前提性的问题，即你所从事的职业是合法的。也就是说恪守职业的合法性是履行职业道德的前提。

1. 爱岗敬业

做到乐业、勤业、精业，忠于职守，做到干一行、爱一行、精一行。

2. 诚实守信

诚实就是说老实话，办老实事，做老实人。守信就是信守诺言，讲信誉，重信用，能够履行承诺，从而取得别人的信任。诚实和守信是统一的。

护士小丽的故事

小丽是刚从护校毕业参加工作不久的一名实习护士，给外科医生当助手。这段时间院方正在对她进行专业考核，以决定是否让她转正。这天，紧张的手术已接近尾声，主刀医生正小心地从病人腹腔中取出一块块止血纱布，放在她托着的盘子里，接着吩咐："准备缝合。""不！"小丽突然大声地喊道，"不能缝。"周围的医护人员都吃惊地看着她。大夫发怒了："马上开始缝合！"

"不！"小丽近乎愤怒地叫了起来。"为什么？"小丽回答："您往病人腹腔里放进 7 块纱布，我数过了，可盘子里只有 6 块纱布，少了一块，应该还有一块没有取出。"大夫笑了，大声说了一句："好样的！"

原来，为了考察护士的诚信与责任心，这位大夫偷偷藏起了一块纱布。他张开手掌，掌心里正是那块最后的纱布。

退伍军人周强的故事

周强是某省武警支队的一名班长，退伍时正值某大型集团公司市场部招聘经理助理，于是前去应聘。他在一系列测试中都名列前茅，可在笔试中却交了白卷。原来笔试中有一道题："请你写出你原单位最秘密的，并对本公司最有价值的材料。"

他写道："我是一名退伍军人，保守秘密是我义不容辞的责任。这份工作尽管对我很重要，但为了维护原单位的合法利益，我宁愿交上一份白卷，请原谅。"

公司负责人看到后认为他诚实守信，是个靠得住的人，出乎意料地录取了这位交白卷的应聘者。

小丽和周强的故事告诉我们：诚信乃企业和个人职业活动的立足之本、发展之源，自觉遵守诚信规范是明智之策。

3. 办事公道

公道是对人和事的一种态度，也是千百年来人们称道的职业道德。它要求人们待人处事要公正、公平。自古以来，凡是能够办事公道、秉公执法、不徇私情的人，在人们心中都有崇高的威望。

4. 服务群众

我们社会主义职业道德的核心,即"为人民服务"的精神。

5. 奉献社会

奉献社会是职业道德的最高境界。

木 桶 效 应

许多参差不齐的木板拼合成一只木桶,其装水量取决于最短的那块木板,这就是人们熟知的"木桶效应"。职业道德素质是一个人所有素质中最根本的部分,我们可以将自身的职业道德素质视为木桶中那块关键的木板,道德素质高,容量就大,机会就多。"木桶效应"告诉我们,良好的职业道德贯穿于一个人职业生涯的全过程,是一个人职业生涯成功的关键所在。所以,我们要牢记"木桶效应"背后的意义,完善综合素质。

【职业思考】

你理想中的职业对从业人员在职业道德方面有哪些要求?你与这些要求有何差距?如何才能缩小这些差距?

我理想中的职业对从业人员的职业道德要求:＿＿＿＿＿＿＿＿＿＿＿＿＿＿＿＿＿

哪些要求我已经达到:＿＿＿＿＿＿＿＿＿＿＿＿＿＿＿＿＿＿＿＿＿＿＿＿＿＿

哪些要求我还没达到:＿＿＿＿＿＿＿＿＿＿＿＿＿＿＿＿＿＿＿＿＿＿＿＿＿＿

我的改进方法:＿＿＿＿＿＿＿＿＿＿＿＿＿＿＿＿＿＿＿＿＿＿＿＿＿＿＿＿＿

第三章
做好职业准备

ZUOHAO ZHIYE
ZHUNBEI

三顾茅庐

诸葛亮《出师表》：臣本布衣，躬耕于南阳，苟全性命于乱世，不求闻达于诸侯。先帝不以臣卑鄙，猥自枉屈，三顾臣于草庐之中，咨臣以当世之事，由是感激，遂许先帝以驱驰。

东汉末期，刘备攻打曹操失败，投奔荆州刘表。为了日后成就大业，他留心访求人才，请荆州名士司马徽推荐。司马徽说："此地有'伏龙''凤雏'，二人得一，可安天下。"刘备多方打听，得知"伏龙"就是诸葛亮，此人隐居在襄阳城西二十里的隆中，住茅庐草棚，耕作自养，精研史书，是个杰出人才。

这时，谋士徐庶也向刘备推荐说："诸葛亮是个奇才。"刘备为了请诸葛亮帮助自己打天下，就同关羽、张飞一起带着礼物专程到隆中（今河南南阳城西，一说为湖北襄阳城西南）卧龙岗去请诸葛亮出山辅佐他。恰巧诸葛亮这天出去了，刘备只好留下姓名，失望地回去。

隔了几天，刘备打听到诸葛亮回来了，又带着关羽、张飞冒着风雪前去。哪知诸葛亮又外出了，刘备他们又空走一趟。张飞本不愿意再来，见诸葛亮不在家，就催着要回去。刘备只得留下一封信，表达自己对诸葛亮的敬佩和请他出来帮助自己挽救国家危险局面的意思。

过了一些时候，刘备准备再去请诸葛亮。关羽说诸葛亮也许是徒有一个虚名，未必有真才实学，不用去了。张飞却主张由他一个人去叫，如他不来，就用绳子把他捆来。刘备把张飞责备了一顿，又和他俩第三次去隆中拜访诸葛亮。诸葛亮正在睡觉，刘备不敢惊动他，一直站到诸葛亮自己醒来，才彼此坐下谈话。

就在这间茅庐中，诸葛亮和刘备共同探讨时局，分析形势，设计如何夺取政权统一天下的方略。刘备大为叹服，愿以诸葛亮为师，请他出山相助，重兴汉室。诸葛亮深为刘备"三顾茅庐"的诚意所打动，答应了刘备的请求，离开隆中一展自己的政治抱负。成语"三顾茅庐"由此而来，比喻访贤求才，真心诚意地邀请别人。

此后，诸葛亮成为刘备的主要谋士，帮助刘备东联孙吴，北伐曹魏，占据荆、益两州，北向中原，建立蜀汉政权，形成与东吴、曹魏三国鼎立的局面。

刘备去世后，诸葛亮秉承刘备遗志，继续出兵伐魏。他在向后主刘禅上的一道奏表中写道："先帝不以臣卑鄙，猥自枉屈，三顾臣于草庐之中……"流露出对刘备给予的知遇之恩念念不忘。

第三章 做好职业准备

> 本章导图

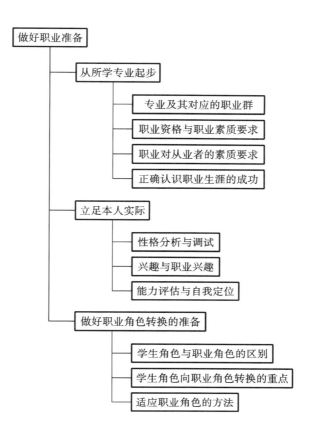

第一节 从所学专业起步

> 案例导引

小刘是某校汽车专业的毕业生。毕业后,其父亲认为到出版社工作比较有发展前景,于是为他联系了一家经济效益比较好的出版社。但是小刘从来没有学习过怎样做编辑,连编辑的基本常识都不清楚。结果,由他负责编辑的杂志错误百出,业务考核倒数第一,受到领导的严厉批评,刚上班不到两个月,便被辞退了。没过几天,母亲给他联系到一家效益不错的广告公司。可对于广告业务,小张也是一窍不通,没到一个月,就不干了。最终,他决定自己找工作。

一次,他去参加汽车展销会,展台上有一辆新款保时捷车,车旁站着一位女车模。这时,来了一位40多岁的中年人,向女模特询问该车的性能,可女模特讲解不清。这时,小刘说话了,给那位中年人做了认真详细地讲解,中年人很满意并当场定下了这部车。待中年人办手续的时候,销售经理走到小刘面前,热情地问:"请问你怎么对车这么内行?"小刘说:"我是汽车专业的毕业生,所以略知一二。"经理高兴地问:"你愿意到我们汽车进出口有限公司工作吗?"小刘对这突如其来的邀请很是意外,高兴地说:"我试试吧。"第二天,小刘就来到公司上班了,他干得如鱼得水,非常出色,业绩不断攀升。不久,小刘就被提升为公司的销售主管了。

笔者观点

无论对哪个层次的人来说,从事非本专业的工作都是一个极大的挑战,需要具有很多的条件,如工作经验、生活阅历等。对于中职生来说,刚刚毕业便舍弃专业,往往很难适应工作环境。别人做起来轻松自如的工作,对于你来说,却有很大的压力。带着压力和心理负担工作,不管做什么都可能失败。小刘回归了本专业之后,如鱼得水,不仅顺利地适应了工作,而且很快做出了成绩。所以,对于中职生来说,从专业起步,是职业规划的关键。

一、专业及其对应的职业群

(一)什么是专业

专业是指随着人类社会科学技术的进步,在生活生产实践中,用来描述职业生涯某一阶段某一人群谋生并长时期从事的具体业务作业规范。中职专业学校根据国家建设需要和学校性质设置各种专业,各专业都有独立的教学计划,以实现专业的培养目标和要求。

1. 专业的起源

在人类不同的历史阶段产生了不同的专业。在蛮荒时代,学会直立行走和钻木取火的人类发展出狩猎、驯化、种植等分工。用现代词汇解释,这种分工就是专业的初始。

2. 专业的发展主要经历的阶段

(1)以金属工具为代表的先进技术推动了早期专业的发展。

技术的进步,新工具的产生,推动人类从石器时代进入铜器时代、铁器时代,也促使了原始的石匠、铜匠、铁匠、木匠等专业的雏形诞生。这些古老的专业至今仍然流行于家庭作坊。

(2)以蒸汽机为代表的工业革命开创了人类的现代专业。

随着工厂、作坊工业原始结构的发展,不同的产品加工和服务分工出现,这是现代工业专业化分工的原型。工业革命的到来,大大加速了这一分工的进程,开创了人类的现代专业。

(3)教育、工业、现代科学技术的迅猛发展促进了现代专业的发展。

大规模的社会化分工,不断推动教育实践和工业、商业实践,促进了对某一特定人群的工作名称和工作内容的规划、设计、研究,促进了新职业的专业化。

(4)以专业化的培训、教育、人才培养为代表的现代化专业模式。

规模化工业的发展,需要大量掌握某种特定的技能、技术、科学理论,能够从事特定的科学研究、科学试验、科学检测、科学评测的人才。这种局面决定了现代化、信息化条件下的专业模式。

科学合理地设置专业,是职业教育主动服务经济和社会、体现自身功能和特色、实现培养目标的基础性工作。我国区域经济的特点十分明显,因而不同地区对人才的需求具有明显的差异性。职业教育的办学目的主要是服务当地经济建设,专业建设必须分析当地经济结构的特点,了解劳动市场的主要需求。各职业学校要根据当地经济建设和社会发展的需要,根据科技进步和产业结构调整的需要,积极创造条件开发、增设新专业,拓宽、改造老专业,形成各自的专业特色和专业优势。

3. 中等职业学校专业设置的情况

《中等职业学校专业目录》是国家对中等职业教育进行宏观管理的基础指导性文件,是中等职业学校设置与调整专业、实施人才培养、组织招生、指导就业,以及行政管理部门规划专业布局、进行教育统计和人才预测等工作的主要依据,也是学生选择就读专业、社会用人单位选用中等职业学校毕业生的重要参考。

2010年,教育部对中等职业学校专业设置进行了调整。《中等职业学校专业目录(2010年修订)》专业类由原来的13个增加到19个,专业数由原来的270个增加到321个,从原《中等职业学校专业目录》删除专业22个。

中等职业学校的教育属于职业技术教育,主要目标是培养学生,使之具有一门或几门职业技术技能,成为复合型、实用型的初中级技术人才。近年来随着教育改革的深化,中等职业学校的办学模式也日益多样化,有与普通高中合作举办的综合高中,有四年或五年制的中专,有中外合作的办学形式等。职业类学校的专业设置也比较贴近市场的需求,一些热门专业、适销对路的中职人才往往还未走出校门就已被一些企业或公司"订购"一空。

(二)中职生面对的职业群

职业群是指职业岗位群体与职业岗位互相联系的一个职业系统。职业群横向划分,是相同的职业存在于不同的产业或行业之中,如计算机专业所对应的专业群广泛分布于国内经济的各个产业和行业之中;纵向划分,是同一职业存在于同一行业若干个不同的岗位及其可能晋升的职务上。

一个具体的专业与职业的对应关系:它可以是社会上一个具体的职业,而在更多的情况下,一个专业可以对应一个职业群,甚至是几个相关的职业群。如数控专业所对应的职业有数控车工、数控铣工、数控线切割工、数控工程师,国有大中型企业特别是军工企业和国家重大装备制造企业是我国数控技术的主要应用对象。机电专业的学生,可以在制造业和建筑业等行业里当钳工、电工和机修工,也可以自己开维修店。

选择专业是人生中的大事。学生对专业的选择分为理性与非理性两种,而这其中又尤以后者居多。他们或盲目追赶时髦,或听从父母安排,或过于固执己见,而不顾自己的能力特长、性格类型以及社会的发展需要选择专业、填报志愿,甚至入校以后还试图调换专业。

职业不分贵贱,专业也不分好坏,只有适合与不适合。选择专业的标准就是选择自己适合的,能发展自己潜能和潜力的专业。

大学六业之一——专业

1. 选择专业的标准

俗话说:"三百六十行,行行出状元。"选择专业可谓是人生的大事。我们可对专业的选择分为理性者与非理性者两种,而这其中又尤以后者居多。他们或盲目追赶时髦,或听从父母安排,或过于固执己见,而不顾自己的学科专长、性格类型及社会的发展需要选择专业、填报志愿,甚至入校以后还试图调换专业。职业不分贵贱,专业也不分好坏,只有适合与不适合。选择专业的标准就是选择自己适合的专业,能发展自己潜能和潜力的专业。

2. 辩证看待热门专业与冷门专业

根据市场经济规律，某些时下的热门专业，由于需求饱和，几年内或许会滞销；某些时下的冷门专业，几年后可能会出现紧俏。因而，我们希望对所学专业不合心意的同学不要朝秦暮楚，现在自己不甚喜欢的专业说不定在毕业时就会成为紧俏"商品"。前些年为大家所热衷的会计、国际贸易、金融、计算机等专业，到现在却成为就业的难点；水利、气象、环境保护等当年的冷门专业却因就读人数稀少反而供不应求。选择专业应当根据自己的兴趣爱好，参考社会的就业形势，做出自己的正确判断。

3. 专业与就业的关系

你现在所学的专业也许既不是自己所喜爱的又非今后有发展的，但没关系，因为你所学的专业与今后的就业并没有截然一致的联系。同学们在大学时代应充分发展自己的兴趣与特长。以前受到计划经济体制的束缚，毕业生必须按自己所学的专业到指定的单位工作；在现在市场经济条件下，毕业生完全可以"海阔凭鱼跃，天高任鸟飞"。即使你所学的专业与所从事的工作关系不大，只要你有能力且能干下去，你一样具有极其广阔的发展空间。况且现代的大学教育多为通识性教育，其培养目的并非专才而是通才，这也使得大学生具有很强的可塑性，完全有可能适应今后非专业性的工作。当然，我们并不是要否认专业学习的重要性，学习乃学生的天职，专业学习应当是贯穿大学生活的主线。我们的建议是：深入了解、学习你已经选择的专业，根据自我的职业生涯发展规划和社会需要理性对待专业，学会喜欢和爱上自己选择的专业，在学好专业的同时，逐步拓展自己的视野、培养自己的能力，为未来顺利就业、成功立业夯实基础。

二、职业资格与职业素质要求

（一）职业资格

1. 职业资格的含义

职业资格是对从事某一职业所必备的学识、技术和能力的基本要求，反映了劳动者为适应职业劳动需要而运用特定的知识、技术和技能的能力。

职业资格与学历文凭不同，学历文凭主要反映学生学习的经历，是文化理论知识水平的证明。而职业资格与职业劳动的具体要求密切结合，更直接、准确地反映了特定职业的实际工作标准和操作规范，以及劳动者从事该职业所达到的实际工作能力水平。

职业资格包括从业资格和执业资格。从业资格是指从事某一专业（工种）学识、技术和能力的基本标准。执业资格是指政府对某些责任较大、社会通用性强、关系公共利益的专业（工种）实行准入控制，是依法独立开业或从事某一特定专业（工种）的学识、技术和能力的必备标准。

2. 职业资格认证

根据《中华人民共和国劳动法》和《中华人民共和国职业教育法》的有关规定，对从事技术复杂、通用性广，涉及国家财产、人民生命安全和消费者利益的职业（工种）的劳动者，必须经过培训，并取得职业资格证书后方可就业上岗。

职业资格认证分别由人力资源和社会保障部、国务院国资委商业技能鉴定与饮食服务发展中心等各相关部委通过学历认证、资格考试、专家评定、职业技能鉴定等方式进行评价，对合格者授予国家职业资格证书。

3. 职业技能鉴定

劳动部负责以技能为主的职业资格鉴定和证书的核发与管理（证书的名称、种类按现行规定执行）。

开展职业技能鉴定，推行职业资格证书制度，是落实党中央、国务院提出的"科教兴国"战略的重要举措，也是我国人力资源开发的一项战略措施。它对于提高劳动者素质、促进人力资源市场的建设，以及深化国有企业改革、培养技能型人才、促进经济发展都具有重要意义。

（二）职业资格证书

1. 职业资格证书的含义和作用

职业资格证书是劳动就业制度的一项重要内容，是指按照国家制定的职业技能标准或任职资格条件，通过政府认定的考核鉴定机构，对劳动者的技能水平或职业资格进行客观公正、科学规范的评价和鉴定，对合格者授予相应的国家职业资格证书。它是表明劳动者具有从事某一职业所必备的学识和技能的证明，是劳动者求职、任职、开业的资格凭证，是用人单位招聘、录用劳动者的主要依据，也是境外就业、对外劳务合作人员办理技能水平公证的有效证件。

2. 职业资格证书等级

我国职业资格证书分为五个等级：初级（五级）、中级（四级）、高级（三级）、技师（二级）和高级技师（一级）。

3. 职业资格证书的办理

根据国家有关规定，办理职业资格证书的程序为：职业技能鉴定所（站）将考核合格人员名单报经当地职业技能鉴定指导中心审核，再报经同级劳动保障行政部门或行业部门劳动保障工作机构批准后，由职业技能鉴定指导中心按照国家规定的证书编码方案和填写格式要求统一办理证书，加盖职业技能鉴定机构专用印章，经同级劳动保障行政部门或行业部门劳动保障工作机构验印后，由职业技能鉴定所（站）送交本人。

国家职业资格等级与具体标准如表 3-1 所示。

表 3-1　国家职业资格等级与具体标准

等　　级	具　体　标　准
国家职业资格五级（初级技能）	能够运用基本技能独立完成本职业的常规工作
国家职业资格四级（中级技能）	能够熟练运用基本技能独立完成本职业的常规工作；在特定情况下，能够运用专门技能完成较为复杂的工作，能够与他人进行合作
国家职业资格三级（高级技能）	能够熟练运用基本技能和专门技能完成较为复杂的工作，包括完成部分非常规性工作；能够独立处理工作中出现的问题；能指导他人进行工作或协助培训一般操作人员
国家职业资格二级（技师）	能够熟练运用基本技能和专门技能完成较为复杂的、非常规性的工作；掌握本职业的关键操作技能技术；能够独立处理和解决技术或工艺问题；在操作技能技术方面有创新；能组织指导他人进行工作；能培训一般操作人员；具有一定的管理能力

续表

等　　级	具　体　标　准
国家职业资格一级 （高级技师）	能够熟练地运用基本技能和特殊技能在本职业的各个领域完成复杂的、非常规性的工作；熟练掌握本职业的关键操作技能技术；能够独立处理和解决高难度的技术或工艺问题；在技术攻关、工艺革新和技术改革方面有创新；能组织开展技术改造、技术革新和进行专业技术培训；具有管理能力

三、职业对从业者的素质要求

用人单位在招聘员工的时候更注重什么呢？是员工的技能强弱，还是道德品质？更多时候，企业更看重的是从业者的职业综合素质。具有较高职业素质的员工能给企业带来更加全面的发展。

职业素质是指劳动者在一定的生理和心理条件的基础上，通过教育、劳动时间和自我修养等途径而形成和发展起来的，在职业活动中发挥作用的一种基本品质。职业素质包括思想道德素质、科学文化素质、专业技能素质、身体心理素质。

（一）思想道德素质

从近年来人才市场和就业形势反馈的信息看，很多用人单位选人重才更重德，把思想道德素质放在首位。政治思想素质较高，具有事业心、责任感和吃苦奉献精神的毕业生成了首选目标。

许多用人单位在对人才的要求上强调要有事业心、责任感，要爱岗敬业、诚实守信、乐于奉献，希望并要求毕业生把选择的工作当作长期追求、投入的事业，而不仅仅是赚钱谋生的手段；要与单位同甘苦、共患难，荣辱与共，而不仅仅是以单位为临时落脚点。唯有员工积极进取、胸怀大志，才能开发自己身上潜在的创造性，为社会做出贡献，实现自己的人生价值。

（二）科学文化素质

现代社会对从业人员的文化素质、知识结构的要求愈来愈高，对知识技能共性的要求也愈来愈高。科学文化素质是职业素质的基础，是职业素质的保证，只有具有较高的科学文化素质，才能从根本上保证从业者掌握在工作中所需要的各类理论知识。中职生的科学文化素质，主要表现为强烈的求知欲，对知识的学习态度、学习习惯、学习方法，以及求实、创新的科学精神。中职生要围绕自己选择的就业目标，对自己所掌握的知识、技能进行合理组合、恰当调配，形成知识系统。

（三）专业技能素质

专业知识是建立在科学文化知识基础之上的与从事的职业密切相关的知识，通过专业学习和职业活动来获得。专业技能是在领会专业知识的基础上，经过专业学习过程中的实践和职业实践而逐步获得的。任何工作要做好，都必须有过硬的专业技能，以此为基础，才能有进一步的发展。

（四）身体心理素质

健康的体魄、良好的身体和心理素质已成为人才竞争的物质资本。在社会急剧变革的今天，多种思想文化的激荡、新旧价值观念的冲突、激烈的竞争、物质生活的悬殊、社会生活和经济生活的不协调等,无不冲击着青年学生的心灵,导致了部分学生认知失调、心理失衡和行为失范。还影响了中职生的学习、生活和工作,不利于其就业求职。因而中职生必须加强心性修养,提高心理素质,要能正确评价自我,胸襟开阔、豁达大度、积极乐观;要正确对待挫折,培养坚忍不拔的毅力;要克服自卑感,增强自信心,培养心理调适能力,以良好的心态去迎接挑战。

四、正确认识职业生涯的成功

同学们从跨进职校大门开始,就应该注重探索和初步确定自己未来的职业生涯目标,时刻关注职业内涵的变化和发展,了解社会对职业的需求,不断提高自身能力,调整自己职业生涯规划的内容。

职业生涯成功是个人职业生涯追求目标的实现。职业生涯成功的含义因人而异,每个人都可以、也应该对自己的职业生涯成功进行明确界定。

"焊痴"秦毅:焊坛"80后"

1998年9月,秦毅从技校焊接与装配专业毕业后,就职于沪东中华造船集团有限公司。这位"80后",不管是酷暑严寒还是日晒雨淋,总是拿着一把焊枪勤学苦练。为了学好技术,他常常连续几个小时埋头练习,直到电焊烫得握不住才罢手。秦毅吃饭时,也会拿着筷子模仿焊条在空中比画,"焊痴"由此得名。

不断的钻研与追求,使秦毅在实际操作中提高了自己的焊接本领,并创立了一套独特的焊接方法,这让他在艰苦的船舶焊接领域创造出了属于自己的辉煌。2001年1月,秦毅凭借这一绝活,在上海船舶工业公司选拔赛上以第一名的成绩胜出,并在中国船舶工业集团公司焊接比赛中勇夺第一,将"中国船舶公司技术能手"美誉收入囊中。面对接踵而至的荣誉,秦毅并没有居功自傲,而是加倍努力,主动承担起各种高、难、险、急的焊接任务。他在国家和地方各级焊接比赛中一路过关斩将,摘金夺银,成为沪东中华造船集团有限公司最年轻的焊接高级技师、专家型人才、"全国技术能手",同时,他也是集团内获得由权威认证机构法国GTT公司颁发的殷瓦焊接G证的第一人。

从一名普通技校毕业生成长为高级技师和"全国技术能手",成功的光环背后,秦毅付出的汗水是常人难以想象的。即使是在担任了生产组长后,他也十分注重整个团队水平的提高。在他的带领下,他们班组先后被评为上海市"新长征突击队"和上海市"青年安全生产示范岗"。

【职业思考】

举办一次抢答比赛。

(1)教师列举10种以上不同职业的名称,学生课后通过各种途径搜集资料,总结出不同职业对应聘者的具体要求和条件,以及国家针对该职业设置了哪些职业资格证书考试。

(2)下一次上课时,选出两位学生担任评委,一位学生担任主持。

(3)主持人从所列职业中随机挑选并提问,其他学生抢答。

(4) 评委计分,抢答结束后,答对题目最多、分数最高的同学当选为"抢答之星"。
(5) 活动结束后思考下面的问题:
与你所学专业的相关职业有哪些?从事这些职业要具备哪些基本条件?相应的资格证书又有哪些?如何取得资格证书?

第二节　立足本人实际

案例导引

张强和李佳是毕业于计算机专业的学生,并同时应聘于强佳电子计算机公司,从事市场营销工作。张强是明显的外向性格,热情、开朗、善交际、积极主动;而李佳则是内向性格,爱思考,不愿与别人多说话,喜欢独处。一年之后,张强已完全适应了销售工作,得心应手,成绩出色,被提升为部门副经理。而李佳则表现一般,虽然也能完成任务,但缺乏主动性和积极性。又过了一段时间,李佳找人事主管谈话,准备辞职。辞职的原因是他对营销工作不感兴趣。人事主管经过深入了解后,得知李佳钻研精神很强,善于搞发明创造,听说他高中还获得过科技发明奖,至今他仍保持着这种创造的精神。人事主管与公司总经理做了一番商谈,最后决定调李佳到公司研究开发部工作。李佳调到研究开发部不到一年,他的两项发明就为公司创利20多万元。

笔者观点

为什么张强能适应销售工作,而李佳则不能?显然,一个人的自身素质决定了他适合从事什么岗位。一旦找到适合自己的岗位,其自身的能力就可以得到发挥,并能激发出潜能,创造出意想不到的成果。中职生的专业背景和学习经历更加要求我们,要立足本人实际,找到适合自己的岗位。可以说,找到了适合自己的岗位,就相当于找到了通往成功的捷径。

一、性格分析与调适

(一) 性格

"世界上没有两片完全相同的叶子",同样,世界上没有性格完全相同的两个人。

性格是指一个人在个体生活过程中所形成的,在对待客观事物的态度和社会行为方式中所表现出来的比较稳定的个性心理特性。

性格不是先天赋予的,而是在先天素质的基础上通过家庭、教育、社会环境的影响,以及自身的积极活动,才逐渐形成的。性格一经形成就比较稳定,这种比较稳定的对现实的态度和行为方式贯穿在人的全部行为活动中。但是,性格仍是可以改变的,人们通过实践活动的磨炼和自我修养,亦可改变或发展自己的性格。

职业性格,是指人们在长期特定的职业生活中所形成的与职业相联系的比较稳定的心理特征。

职业心理学研究表明,性格影响着一个人对职业的适应性,不同的职业对人有不同的性格要求。作为医生,要有救死扶伤的人道主义品质,有精益求精、一丝不苟的工作态度,有高度的责任感;采矿工人要勤劳、勇敢,有严密的组织纪律性等。一般说来,外向型性格的人更适合与外界接触广泛的职业,如管理人员、律师、记者、推销员等;内向型性格的人比较适合从事有计划的、稳定的、不需要与人过多交往的职业,如技术人员、会计师、统计员、一般办公室文员等。因此,我们在考虑或选择职业时,不仅要考虑自己的职业兴趣和职业能力,还要考虑自己的职业性格特点,考虑职业对人的性格要求,从而根据自己的性格特点选择最易适应的职业,或者改变自己的性格特点来适应职业的要求。

(二)性格与职业选择

近年来,许多用人单位在选聘人才时都接受了一种新观念,就是认为人的性格比能力更重要。为什么会这样呢?原因在于如果一个人能力不足,可以通过教育、培训等来提高,但如果一个人的性格不好,要改变起来就极为困难。所以,一些单位在招聘新人时,就开始将性格的测试放在了首位。当性格与职业相吻合时,才会有进一步对其能力和其他方面进行测试考察的意愿。

性格的个体差异很大,但异中有同,可以按某种共同的特征加以分类。美国心理学家霍兰德是著名的职业指导专家,提出了性格类型-职业匹配理论。他认为,学生的性格类型、学习兴趣与将来的职业密切相关。他将人的性格分为六种:现实型、研究型、艺术型、社会型、企业型和常规型,这六种类型可以通过"霍兰德职业爱好问卷"测试。在此,我们亦根据人的职业性格特点和职业对人的性格要求,进行类型划分,制作了职业性格自测量表,供大家认识自己的职业性格类型时参考。

职业性格自测量表

根据自己的实际情况,对下面的问题做出回答。

第一组:

(1) 喜欢内容经常变化的活动或工作情景。
(2) 喜欢参加新颖的活动。
(3) 喜欢提出新的活动并付诸行动。
(4) 不喜欢预先对活动或工作做出明确而细致的计划。
(5) 讨厌需要耐心、细致的工作。
(6) 能够很适应新环境。

合计:是(　)次,否(　)次。

第二组:

(1) 当注意力集中于一件事时,别的事很难使我分心。
(2) 在做事情时,不喜欢受到出乎意料的干扰。
(3) 生活有规律,很少违反作息制度。
(4) 按照一个设好的工作模式来做事情。
(5) 能够长时间做枯燥、单调的工作。

合计:是(　)次,否(　)次。

第三组:

(1) 喜欢按照别人的批示办事,不喜欢担负责任。
(2) 在按别人指示做事时,自己不考虑为什么要做些事。
(3) 喜欢让别人来检查工作。
(4) 在工作上听从指挥,不喜欢自己做出决定。
(5) 工作时喜欢别人把任务的要求讲得明确而细致。
(6) 喜欢一丝不苟、按计划做事,直到得到一个圆满的结果。
合计:是(　)次,否(　)次。

第四组:
(1) 喜欢对自己的工作独立做出计划。
(2) 能处理和安排突然发生的事情。
(3) 能对将要发生的事情负起责任。
(4) 喜欢在紧急情况下果断做出决定。
(5) 善于动脑筋,出主意,想办法。
(6) 通常情况下对学习、活动有信心。
合计:是(　)次,否(　)次。

第五组:
(1) 喜欢结识新朋友并一起工作。
(2) 喜欢在几乎没有个人秘密的场所工作。
(3) 试图忠实于别人且与别人友好。
(4) 喜欢与人互通信息,交流思想。
(5) 喜欢参加集体活动,努力完成所分配的任务。
合计:是(　)次,否(　)次。

第六组:
(1) 理解问题总比别人快。
(2) 试图使别人相信你的观点。
(3) 善于通过谈话或文字来说服别人。
(4) 善于使别人按你的想法来做事情。
(5) 试图让一些自信心差的同学振作起来。
(6) 试图在一场争论中获胜。
合计:是(　)次,否(　)次。

第七组:
(1) 你能做到临危不惧吗?
(2) 你能做到临场不慌吗?
(3) 你能做到知难而退吗?
(4) 你能冷静处理好突然发生的事件吗?
(5) 遇到偶然事故可能伤及他人时,你能果断采取措施吗?
(6) 你是一个机智灵活、反应敏捷的人吗?
合计:是(　)次,否(　)次。

第八组:

(1) 喜欢表达自己的观点和感情。
(2) 做一件事情时,很少考虑它的利弊得失。
(3) 喜欢讨论对一部电影或一本书的感情。
(4) 在陌生场合不感到拘谨和紧张。
(5) 相信自己的判断,不喜欢模仿别人。
(6) 很喜欢参加学校的活动。
合计:是( )次,否( )次。
第九组:
(1) 工作细致而努力,试图将事情完成得尽善尽美。
(2) 对学习和工作抱认真严谨、始终一贯的态度。
(3) 喜欢花很长时间集中于一件事情的细小问题。
(4) 善于观察事物的细节。
(5) 无论填什么表格态度都非常认真。
(6) 做事情力求稳妥,不做无把握的事情。
合计:是( )次,否( )次。

统计每组回答"是"和"否"总次数,填入表 3-2。

表 3-2 统计结果表

组 别	次 数		性格类型
	是	否	
第一组			变化型
第二组			重复型
第三组			服从型
第四组			独立型
第五组			协作型
第六组			劝服型
第七组			机智型
第八组			自我型
第九组			严谨型

选择"是"的次数越多,则相应的职业性格类型越接近你的性格特点;选择"不"的次数越多,则相应的性格类型越不符合你的性格特点。各类性格的特点与适合的职业如表 3-3 所示。

表 3-3 各类性格的特点与适合的职业

类型	特征	适合的职业
变化型	在新的和意外的活动或工作情境中感到愉快,喜欢有变化和多样化的工作,善于转移注意力	记者、推销员、演员
重复型	适合连续从事同样的工作,按固定的计划或进度办事,喜欢重复的、有规律的、有标准的工种	纺织工、机床工、印刷工、电影放映员

续表

类型	特征	适合的职业
服从型	愿意配合别人或按别人指示办事,而不愿意自己独立做出决策、担负责任	办公室职员、秘书、翻译
独立型	喜欢计划自己的活动和指导别人的活动或对未来的事情做出决定,在独立负责的工作情境中感到愉快	管理人员、律师、警察、侦察员
协作型	在与人协同工作时感到愉快,善于引导别人,并想得到同事们的喜欢	社会工作者、咨询人员
劝服型	通过谈话或写作等使别人同意自己的观点,对别人的反应有较强的判断力,并善于影响别人的态度和观点	辅导员、行政人员、宣传工作者、作家
机智型	在紧张和危险的情况下能自我控制、沉着应付,发生意外和差错时能不慌不忙,出色地完成任务	驾驶员、飞行员、公安员、消防员、救生员
自我型	喜欢表现自己的爱好和个性,根据自己的感情做出选择,通过自己的工作来表达自己的思想	演员、诗人、音乐家、画家
严谨型	注重工作过程中各个环节、细节的精确性,愿意按一套规划和步骤工作,尽可能做得完美,倾向于严格、努力地工作以看到自己出色地完成工作的效果	会计、出纳员、统计员、校对员、图书档案管理员、打字员

(三) 性格的培养途径与方法

中等职业学校的学生正处于调适性格的重要时期,为了实现自己的职业理想,可以从以下方面培养自己的职业性格。

首先要树立正确的职业观。如果一个人对某一职业有所向往,他就会主动了解这个职业对从业者的要求,并主动控制自己,自觉地按照该职业的要求去做。能适应职业要求的人,获得岗位和职业发展的机会就大,而固执地坚持自己原有性格特征的人,则很难在社会上生存,更难得到发展。

其次要善于向榜样学习。一是向本专业的优秀毕业人才学习;二是寻找成功人士克服性格问题的方法,找到心仪职业的典型人物,了解他们调适自己性格的动力所在,学习他们的方法和措施。

最后要积极参加实践,严格要求自己,不断提高素养。中职学校的学生应该在专业课的学习、实践和各种非专业的社会实践活动中,抓住机会,大胆锻炼,不断调适以便完善自己的职业性格,为将来走上工作岗位做好充分的准备。

一个中职毕业生要想在未来的职业岗位上得到足够的发展机会和空间,就必须要在学习中不断地修正和完善自己的性格。一个相对完美的性格一定会在选择职业时助你一臂之力。

二、兴趣与职业兴趣

科学伟人爱因斯坦曾说:"兴趣是最好的老师,它远远超过责任感。"文学巨匠莎士比亚也说:"学问必须合乎自己的兴趣,方才可以得益。"调查表明,兴趣与成功概率有着明显的正相关性。从事一项你喜欢的工作,工作本身就能给你一种满足感,你的职业生涯也会从此变得妙趣横生。

(一) 兴趣

兴趣可以影响人们的职业定向和职业选择。兴趣是人们活动的动力,激发人们探索和创造,可以增强人的职业适应性。研究资料表明,如果一个人对某一工作有兴趣,能发挥他全部才能的80%～90%,并且能长时间地保持高效率而不感到疲劳;相反,如果其对某项工作不感兴趣,只能发挥全部才能的20%～30%,也容易感到疲劳、厌倦。广泛的兴趣可以使人善于应付多变的环境,即使变换工作性质,也能很快熟悉和适应新的工作。

案例启迪

一位刚过30岁的人,写信给一位百岁老人,诉说自己的苦衷,说自己从小就喜欢写作,可阴错阳差,却当了一名医生,而他对自己从事的职业一点都不感兴趣,想改行干写作,又担心年纪太大,为时已晚。老人接过信后,立刻给这位医生回了一封信,信中说:"做你喜欢做的事,哪怕你已经80岁。"

这位医生接到信后,受到鼓舞,当机立断放弃行医,拿起了笔杆子,之后竟成了大名鼎鼎的作家,他就是日本的渡边淳一。而那位名叫摩西的百岁老人曾是美国弗吉尼亚州一位普通的农妇,76岁时因患关节炎放弃农活后开始画画;80岁时在纽约举办了个人画展,引起轰动;101岁辞世时留下1600幅作品。

笔者观点

做自己想做的事,你才能像摩西和渡边淳一那样,找到真正属于自己的人生殿堂。做自己想做的事,那才是你生命的金矿所在。

(二) 职业兴趣

职业兴趣是有关职业偏好的认识倾向,是人对某类专业或职业所抱有的积极的态度。

和任何一种兴趣一样,职业兴趣也是一个人在事业上成功的动力。职业兴趣可以促进个人对事业的热爱。有强烈职业兴趣的人,一定是被这项职业深深吸引,并强烈地热爱着它,进而产生强烈的动力,为之付出任何辛苦也在所不惜。

职业兴趣大多不是与生俱来的,它可以在自发的兴趣上加以培养而成。一般说来,职业兴趣的形成与人们所处的生活和家庭环境、曾经参与的实践活动、自身的认识水平以及所处的社会环境等都有着密切的联系。

案例启迪

在我们身边经常可以看到几代人都从事同一职业的家庭,如教师家庭、军人家庭等。据报道,天津有位任秉钧老人,今年已经96岁了,教了一辈子的美术课,他的学生达到了3000多人,说来已经算得上是桃李满天下了。而四世同堂的任秉钧家里共有25位老师!同样是教师之家的轧荣田一家三代人有6个人是当老师的,他和老伴退休前在同一所学校教书,一对双胞胎女儿和儿子、儿媳也都如愿踏入了教师这一行,轧荣田对此非常欣慰,因为他知道,儿女们都很热爱这份职业。美国前总统布什的家族四代人中产生了两位总统,以及多位州长和参议员,在20世纪成为美国最显赫的政治家族之一。应该说这都是家庭环境影响职业兴趣的典型例子。

笔者观点

职业兴趣重在培养。人只有通过实践活动才能认识社会，了解社会。通过实践活动我们可以有效地发现或形成自己的职业兴趣，并加以巩固。

一个国外调查机构曾围绕"职业与兴趣"这个主题对1000名职场人士进行调查，结果令人惊讶：竟有38%的人对自己从事的职业不感兴趣，而在这38%的人员中，最后能脱离其不感兴趣的职业的不足3%。

（三）职业兴趣类型

兴趣是努力的原动力，是成功之母。走自己的路，做自己喜欢的事情，选择自己感兴趣的职业，是当今社会最具有典型性的择业观念。不同的兴趣特征也适应于不同的职业需要。加拿大的《职业分类词典》中提供了各种职业兴趣类型及相应的职业，如表3-4所示。

表3-4　各种职业兴趣类型及相应的职业

类型	兴趣类型特征	适应的职业
1	愿与事物打交道，喜欢接触工具、器具或数字，而不喜欢与人打交道	制图员、修理工、裁缝、木匠、建筑工、出纳员、记账员、会计、勘测、工程技术、机器制造等
2	愿与人打交道，喜欢与人交往，对销售、采访、传递信息一类的活动感兴趣	记者、推销员、营业员、服务员、教师、行政管理人员、外交联络等
3	愿与文字符号打交道，喜欢常规的、有规律的活动，习惯在预先安排好的程序下工作，愿意从事有规律的工作	邮件分类员、办公室职员、图书馆管理员、档案整理员、打字员、统计员等
4	愿与大自然打交道，喜欢地理地质类的活动	地质勘探人员、钻井工、矿工等
5	愿从事农业、生物、化学类工作，喜欢种养、化工方面的实验性活动	农业技术员、饲养员、水文员、化验员、制药工、菜农等
6	愿从事社会福利类的工作，喜欢帮助别人解决困难，这类人乐意帮助人，他们试图改善他人的状况，帮助他人排忧解难，喜欢从事社会福利和助人的工作	咨询人员、科技推广人员、教师、医生、护士等
7	愿做组织和管理工作，喜欢掌管一些事情，以发挥重要作用，希望受到众人尊敬和获得声望，愿做领导和组织工作	组织领导管理者，如行政人员、企业管理干部、学校领导和辅导员等
8	愿研究人的行为和心理，喜欢谈涉及人的话题，对人的行为举止和心理状态感兴趣	心理学、政治学、人类学、人事管理、思想政治教育研究工作，以及教育、行为管理工作、社会科学工作者、作家等
9	愿从事科学技术事业，喜欢通过逻辑推理、理论分析、独立思考和实验发现和解决问题，善于理论分析，喜欢独立地解决问题，也喜欢通过实验有所发现	生物、化学、工程学、物理学、自然科学工作者和工程技术人员等

续表

类型	兴趣类型特征	适应的职业
10	愿从事有想象力和创造力的工作，喜欢创造新的式样和概念，大都喜欢独立工作，对自己的学识和才能颇为自信，乐于解决抽象的问题，而且急于了解周围的世界	社会调查、经济分析、各类科学研究工作、化验、新产品开发，以及演员、画家、创作或设计人员等
11	愿做操作机器的技术工作，喜欢通过一定的技术来进行活动，对运用一定技术、操作各种机械、制造新产品或完成其他任务感兴趣，喜欢使用工具，特别是大型的、马力强的先进机器，喜欢具体的东西	飞行员、驾驶员、机械制造等
12	愿从事具体的工作，喜欢制作看得见、摸得着的产品并从中得到乐趣，希望很快看到自己的劳动成果，并从完成的产品中得到满足	室内装饰、园林、美容、理发、手工制作、机械维修、厨师等

事实上，一种兴趣类型可以对应许多种职业，而每一个职业往往又同时具有几种类型的特点。假如你要成为一名工程技术人员，那你就应有愿与事物打交道（类型1）、愿从事科学技术事业（类型9）、愿做操作机器的技术工作（类型11）这三个兴趣类型的特点。如果你对其中的某一方面缺乏兴趣，那就应努力培养和发展这方面的兴趣以适应工程技术人员职业的要求。

（四）职业选择应结合职业兴趣

俗话说："尺有所短，寸有所长。""骏马行千里，犁田不如牛；坚车能载重，渡河不如舟。"有些人善于与人交往，有些人善于与机器打交道，有些人善于经商，有些人则善于写文章……八仙过海，各显神通，所以，在设计自己的职业生涯时，千万要注意了解自己的兴趣，选择自己喜欢和最有利于发挥自己优势的职业，即择己所长、择己所爱。

兴趣——成长的伴侣

个头不高、长相平凡的小马，是广西一个城镇上的人。他在校期间学的是汽车维修，他的父母都是农民，都与汽修无关。父亲平日爱修理个电视机什么的，幼小的他常在一旁围着父亲看来看去，于是潜移默化地产生了对修理的爱好。

任何一个人的成功，除了外部条件之外，最重要的是内因，是自己的努力。人们常说："干一行，爱一行。"小马谈及个人成长经历时总结道："兴趣是起点，只有爱一行，才能干好一行。干什么都在于兴趣，如果没有兴趣，什么也干不好。"

修车容易，但把车修好，并不容易。把车修好的前提是对车要感兴趣，有兴趣才有钻研精神，才能说热爱这行。小马深深地热爱修车这个职业，为了能掌握修车本领，他不怕吃苦，不怕受累，有时为了修好一部车的变速箱或发动机，反复拆下装上几次甚至十几次。他不计较工时得失，更不怕麻烦，他的宗旨就是：哪怕一分钱不挣，也要把问题查清楚、搞明白，不达目的决不罢休。

笔者观点

有句台词说得好:"不入园林,怎知春色如许。"小马对自己所喜欢的修理职业认知越全面、越深刻,他的职业兴趣就越浓厚。在修理行业这个广阔的园林里,他愿为姹紫嫣红的春天奉献青春年华。

三、能力评估与自我定位

(一) 能力

能力,是指完成一定任务的本领,是一个人能否进入职业的先决条件。无论从事什么职业,总要有一定的能力做保证。

中职学生就业需具备的基本能力包括以下几种。

表达能力:口头表达能力、文字数字表达能力、图文表达能力等几种形式。

动手能力:一个人实际操作能力水平的高低主要体现在操作的速度、准确性和灵活性三个方面。

适应能力:对社会、对环境的适应,是主动的、积极的适应,不是消极的等待和对困难的屈服,更不是对落后、消极现象的认同,甚至同流合污。

交际能力:人际交往能力,与他人相处的能力。

管理能力:每个人在将来的工作中都不同程度地需要组织管理才能。组织管理能力不仅领导干部、管理人员应当具备,其他人员都应该具备。

创造能力:一种综合性的、高层次的思维能力和行动能力。

决策能力:对未来行为目标进行决断和选择的能力。良好的决策能力可以实现对目标及其实现手段的最佳选择。

(二) 职业能力

职业能力是指人们为从事某种职业而必须具备的,并在这项职业活动中表现出来的多种综合能力。

1. 职业能力的组成

(1) 智力能力是职业能力的核心部分。

任何职业都对从业者的智力有一定的要求,智力在一定程度上决定了求职者可能选择的职业类型。

(2) 专业能力是职业能力的重要组成部分。

中等职业教育就是学习专业能力的有效途径之一。某职业学校进行的毕业生跟踪调查表明,一个经过完整专业知识学习和技能训练的机械专业中职毕业生,走上工作岗位后,90%以上能够很快适应岗位需求,成为业务骨干。

(3) 社会能力是职业能力不可缺少的组成部分。

社会能力主要指与人打交道的人际交往能力、与他人合作的团队协作能力、对生活与环境的适应能力以及面对失败和挫折的心理承受能力等性格和心理方面的能力素质。

2. 职业能力与职业类型的匹配

任何一个职业都有相应的岗位职责要求,职业能力就是胜任职位岗位工作的必要条件。因此,对于任何一位求职者来说,要想适应某个职位,就必须具备相应的能力。

职业能力类型及适应性职业对照表如表3-5所示。

表3-5 职业能力类型及适应性职业对照表

职业能力类型	特　点	适应性职业类型
操作型职业能力	以动手操作能力为主,运用专业知识和经验,掌握特定技术或工艺,并形成相应的职业技能和技巧的能力	打字员、驾驶员、园艺技术人员、操纵机床、控制仪表等
艺术型职业能力	以想象能力为核心,能够运用艺术手段再现社会生活和塑造艺术形象的能力	写作、绘画、演艺、美工等
教育型职业能力	运用各种教育手段传授思想和知识的能力	教师、市场推广和营销等
科研型职业能力	以人的创造性思维为核心,通过实验研究、社会调查和资料检索等手段进行新的发明与发现的能力	科研人员、理论工作者、市场调研等
服务型职业能力	以敏锐的社会知觉能力和人际协调能力为主,是借助人际交往或直接沟通来使服务对象获得心理上的满足的能力	各种服务行业,如护士、导游等
经营型或管理型职业能力	以决策能力为核心,擅长广泛获得信息,并较快地独立做出判断、决策或形成谋略的能力	各级各类管理人员、企业厂长、公司经理等
社交型职业能力	以人际关系协调能力为核心,对人情世故较熟悉,擅长协调、处理与人之间的关系,并能联络别人通力合作	咨询、经纪、社区管理、调解员等

(三)能力评估

每个人都具有一定的职业能力,但是人的职业能力存在个体差异。人的能力总有高低大小之分,但职业选择的成功与否,并不完全在于人的能力大小,关键在于能否对自己的能力做出正确而合理的评估。

有时求职者对自己的职业能力不清楚,盲目选择,结果就业时间不长就不得不辞职,重新进行求职,这往往是因为他的职业能力与岗位的要求不匹配,而导致无法胜任职位。

能力评估的方法有很多,可以根据自己的学历背景、知识结构、专业水平等情况自己进行评估,也可以与现成的职业能力表做对照,必要时还可以请专业的职业指导人员或心理咨询师协助做出更为科学的判断。

(四)能力的培养与职业选择

对职业的研究表明,职业可以根据工作的性质、内容和环境而划分为不同的类型,并且对人的能力也有不同的要求。

能力与择业的关系十分重要,是择业的重要依据,是求职者开启职业大门的钥匙。同学们应根据自己的能力,扬长避短,选准与自己职业能力倾向相同的职业,在强手如林的竞争中立于不败之地。

认识自己的职业能力

表 3-6 所示为部分职业与其所需职业能力的标准。

表 3-6 部分职业与其所需职业能力的标准

职业	一般学习能力	语言能力	算术能力	空间判断能力	形态知觉	书写能力	运动协调	手指灵活	手的灵巧
建筑师	强	强	强	强	较弱	一般	一般	一般	一般
律师	强	强	一般	较弱	较弱	一般	较弱	较弱	较弱
医生	强	强	较强	强	较强	一般	较强	较强	较强
护士	较强	较强	一般	一般	一般	一般	一般	一般	一般
演员	较强	较强	较弱	一般	一般	较弱	一般	较弱	较弱
秘书	一般	一般	一般	较弱	一般	较强	一般	一般	一般
统计员	一般	一般	较强	较弱	较弱	一般	一般	一般	一般
服务员	一般	一般	较弱	较弱	较弱	较弱	一般	一般	一般
驾驶员	一般	一般	较弱	一般	弱	较弱	一般	一般	一般
纺织工	较弱	较弱	一般	一般	一般	弱	一般	一般	一般
机床工	一般	较弱	一般	一般	一般	较弱	一般	一般	一般
裁缝	一般	一般	较弱	一般	一般	较弱	一般	较强	一般

表 3-7 是为检视你对职业的认识，以及你所具备的能力与理想工作所要求的能力间的差距而设置的。请你根据目前的职业目标，选定一项工作或职位，然后查阅相关资料，试着回答下面的问题。（工作所需及自己已具备的能力，确定的打√，不确定或不知道的打△；工作不需要及自己缺乏的能力打×。）

表 3-7 职业认识检视表

工作职位名称	
工作所需的能力	□1.语文能力 □2.表达能力 □3.沟通协调能力 □4.领导统御能力 □5.专业技能 □6.电脑软件操作能力 □7.中文打字及英文打字 □8.行销能力 □9.会计能力 □10.机械操作能力 □11.法律知识 □12.判断力 □13.创造力 □14.直觉与敏感度 □15.其他重要专业知识
自己已具备的能力	□1.语文能力 □2.表达能力 □3.沟通协调能力 □4.领导统御能力 □5.专业技能 □6.电脑软件操作能力 □7.中文打字及英文打字 □8.行销能力 □9.会计能力 □10.机械操作能力 □11.法律知识 □12.判断力 □13.创造力 □14.直觉与敏感度 □15.其他重要专业知识
整体心得感想	

如果你在"工作所需的能力"部分打×及打△超过五个,表示你对外界资讯的探索仍不充足,"知彼"的工作仍需加强。

如果你在"自己已具备的能力"部分打×及打△过多,显示你需要加强对自我的了解及提高自己的能力,以便达到工作、职位的要求。

你也可以向自己提出类似于下面的一些问题来帮助自己认识自己的职业能力:

(1) 我现在掌握了哪些技能?我的技能水平如何?

(2) 我如何去发展和学习新的技能?发展和学习哪方面的技能最为可行?

(3) 根据目前的知识和技能,我是否有可能从事更高一级的工作?

(4) 我下一步朝哪个职位(或工作)发展为好?我如何去实现这个目标?

(5) 我的计划目标定得是否符合本企业的情况?如果要在本企业实现目标的话,我应该接受哪方面的培训?

【职业思考】

(1) 成功=能力×兴趣×性格×价值观。

(2) 能力居于第一位。在工作上要想出人头地,除了要具备一般知识和社会技巧之外,专业知识与专业技能才是制胜的关键。

认真填写表3-8,进行自我剖析,根据剖析结果写一份适合自己的择业计划。

表3-8 自我剖析表

剖析项目	可取之处	不足之处	改进措施
性格			
兴趣爱好			
特长及其他技能			
所学专业及掌握程度			
家庭背景			
身体状况			
语言表达能力			
组织能力			
学习能力			
情绪控制能力			

第三节 做好职业角色转换的准备

一个刚毕业的学生,由于经验不足、能力欠缺,在工作中出现了失误,受到了上级的严厉批

评,他很不开心,没心思工作。

有人问他:"你为什么不开心?"他说:"经理骂我了。"

又问:"你是不是工作没做好?"

答:"即便工作没做好,他也不应该以这样恶劣的态度对我,我长这么大,我爸妈都没对我大声喊过!"

问:"那你希望怎么样?"

答:"我希望我下次再犯错时,他的态度能好点儿!"

这位学生说的话意味着:

(1) 我出错是难免的;

(2) 我以后还会出错;

(3) 我再出错时,要改的是经理,不是我。他应该提高自己的管理艺术。

笔者观点

学生角色与职业角色是不同的,进入工作岗位之前,做好职业角色转换的准备是非常必要的。中职生只有明确了学生角色与职业角色的区别,了解了转换的方法,才能迅速地适应工作,又快又好地完成转变。

一、学生角色与职业角色的区别

(一) 学生角色

学生角色是指在社会教育环境的保证和家庭经济的资助下,学习知识、培养能力、全面提高自身素质,努力使自己成为社会的合格人才,属于消费者,是一定程度上的被动者和无责任者。

(二) 职业角色

职业角色是指在某一职位上,以特定的身份,依靠自身知识和能力并按照一定的规范具体地开展工作,行使职权和履行义务,在为社会做出贡献的同时取得相应的报酬,属于创造者、主动者和有责任者。

(三) 学生角色与职业角色的区别

1. 社会责任不同

学生角色的主要责任是学好科学文化知识,掌握为人民服务的本领,使自己德、智、体全面发展。整个学生角色期间是一个受教育、储备知识、锻炼能力的过程。

职业角色的责任,是以特定的身份去履行自己的职责,依靠自己的本领或技能去为社会和他人服务。完成某项工作的过程是通过对工作的履行情况来体现的。

2. 社会规范不同

社会对学生角色的规范内容,主要反映在国家制定的学生行为准则和各学校制定的学生手册之中,告诉学生怎样做人,如何发展等。因为学生是受教育者,在违反角色规范时,主要还是以教育帮助为主。

社会对职业角色的规范因职业的不同而不同,但肯定是更严格,违背了就要承担一定的责任,甚至是法律责任。

3. 社会权利不同

学生角色的权利主要是依法接受教育,并取得经济生活的保证或资助。

职业角色的权利则是依法行使职权,开展工作,并在履行义务的同时取得报酬。

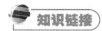

中国社会调查曾经就社会对学生的评价和学生进入社会后的自我感觉进行过调查,结果是非常具有戏剧性的:在工作精神方面,67%的企业认为毕业生不够踏实、缺乏实干精神,而71%的毕业生认为自己是能够吃苦耐劳的;在团队合作方面,52%的企业认为毕业生团队合作精神较差,以自我为中心的情况严重,而76%的学生认为自己具备与团队共进退的精神;在薪资方面,61%的企业认为毕业生的薪金要求较高,不切合实际,用这些钱可以聘用到经验更为丰富的人,而79%的学生认为,他们的薪金要求是合适的,与他们的学历、能力相吻合。

调查的结果在一定程度上反映出毕业生从学校进入社会后的不适应和种种矛盾。所以只有顺利地从学生角色转换到职业角色,才能真正胜任工作,开始自己的职业生涯旅途。无论是即将毕业时的准备过程,还是刚刚进入职场的预备阶段,都非常重要,是我们顺利转换角色的必然途径。

二、学生角色向职业角色转换的重点

学生角色向职业角色转换,重点要做好以下几点。

第一,要有扎实的专业基础知识和广博的交叉学科知识,要有较强的动手能力和研究能力;

第二,要有强烈的事业心和责任感,能与单位同呼吸、共命运,敬业爱岗;

第三,要有创新思维和开拓精神,敢于迎接挑战;

第四,要有协作精神,善于与同事合作;

第五,要有纪律观念和劳动观念,严格遵守劳动纪律,热爱劳动,不怕吃苦;

第六,要学会控制自己的情绪,不要把喜怒哀乐全表现出来,更不能随便发脾气,影响工作,要学会与不同的人相处。

案例启迪

有一个医学院的校花,长期担任班长、团支部书记,学习成绩优异。毕业后被分到市重点医院做内科医生,受到领导的关注、同事的青睐,上门求医的患者更是对她毕恭毕敬。然而,这位美女医生却厌烦了在诊室的工作。看到医药代表工作时间自由,工作方法灵活,挣钱更多,就决定下海。当了一周医药代表后,一天回到医药公司办公室,伏桌哭泣。经理关切地问:"怎么了?"她非常委屈地说:"那些药剂科的人,他们,他们,他们竟然……"经理开始担心,着急地问:"他们怎么样了?是不是欺负你了?"美女泪流满面,非常痛心地说:"他们竟然不理我!"经理舒了一口气,想引导她战胜困难:"他们不理你,你打算怎么办?"美女坚定地说:"他们不理我,我就再也不理他们!"经理心里凉了:"你不理他们了,这药谁买呢?要不你还是别难为自己了,回到医院当医生吧!"美女号啕大哭,经理吓了一跳,又问:"还有谁惹你生气了?"美女凤目圆睁:"你!"经理不解:"我劝你别干了,是为你好呀!"美女愤怒地说:"要是不干,也得我先说!凭什么你先说出来?"经理连忙说:"好,好,我收回刚才的话,请你先说。"美女大声说:"我不干了,我立刻辞职!"经理点头表示同意,心里想:"你快走吧,我的姑奶奶!"

心理素质是职业角色转变的关键。只有做好从事新岗位的心理准备,才能热爱新的工作,才能积极面对工作中遇到的挫折,找到做好工作的方法。

三、适应职业角色的方法

(一)善于表现自己

进入工作环境,走上工作岗位,要善于发挥自己的长处,让上级和同事了解,才能更快地和同事们打成一片。很多中职生,尤其是技术类专业的中职生,认为既然自己从事的是技术类的工作,就应该少说多做,默默奉献。这种态度固然是正确的,但是,适时地表现自己,更有利于与同事建立良好的沟通关系,获得指导和帮助。

在某大公司的求职考试者中,一个应试者在回答完问题后,公司对他不甚满意,只是礼节性地问了一句:"如果你被录用,什么时候能来公司工作?"

这个应试者立即答到:"马上就可以,我把今天的午饭都带来了。"公司被他的热情所感动,立即录用了他。

中国人并不善于推销自己。在学校里,学生们往往需要老师安排学习任务;在公司里,职员往往要等老板吩咐才开始工作。在职场中,默默无闻是一种缺乏竞争力的表现,而那些善于表现自己的员工往往才能够迅速脱颖而出。

(二)从小事做起

"细节决定成败"。刚刚进入工作岗位的中职生,应从小事着手,把力所能及的事做到最好。如果一心只想"吃个胖子",往往适得其反。

有一次,日本狮王牙刷公司的员工加藤信三为了赶去上班,刷牙时急急忙忙,没想到牙龈出血。他为此大为恼火,上班的路上仍然非常气愤。

回到公司,加藤为了把心思集中到工作上,还是硬把心头的怒气给平息下去了,他和几个要好的伙伴提及此事,并相约一同设法解决刷牙容易伤及牙龈的问题。

他们想了不少解决刷牙造成牙龈出血的办法,如把牙刷毛改为柔软的狸毛,刷牙前先用热水把牙刷泡软,多用些牙膏,放慢刷牙速度等,但效果均不太理想。后来他们进一步仔细检查牙刷毛,在放大镜底下,发现刷毛顶端并不是尖的,而是四方形的。加藤想:"把它改成圆形的不就行了!"于是他们着手改进牙刷。

实验取得成效后,加藤正式向公司提出了改变刷毛形状的建议,公司领导看后,也觉得这是一个特别好的建议,欣然把全部刷毛的顶端改成了圆形。改进后的狮王牌牙刷在广告媒介的作用下,销路极好,销量直线上升,最后占到了全国同类产品的40%左右,加藤也由普通职员晋升为科长,十几年后成为公司的董事长。

天下难事,必做于易;天下大事,必做于细。但是大多数人都有这样一种思想,即只想做大事,而不愿意或者不屑于做小事。随着经济的发展,生产专业化程度越来越高,社会分工越来越细,真正所谓的大事实在太少。比如:一台拖拉机,有五六千个零部件,要几十个工厂进行生产协作;一辆小汽车,有上万个零件,需上百家企业生产协作;一架"波音747"飞机,共有450万个零部件,涉及的企业单位更多。

从小事做起是一种良好的习惯,更是一种正确的心态和优秀的品格。只有把小事做好了,才能逐渐积累信任,得到做大事的机会。

(三)学会克制和忍耐

人在社会上生存,就要适应社会规则。中职生进入工作环境后,要用心了解工作环境的规则。除了公司的各项制度规定外,还有很多人际关系方面的社会规则。这些规则往往更决定着你适应工作的快慢。公司是个小社会,要学会克制和忍耐,让自己保持理性的头脑和眼光,才能真正看清规则,从而适应和改变。

一

汉初名臣张良外出求学时曾遇到一件事。一天,他走到下邳桥上,遇到一个老人,穿着粗布衣服,在那里坐着。见张良过来,便故意将鞋子扔到桥下,冲着张良说:"小子,下去给我把鞋捡上来!"张良听了一愣,本想发怒,因为看他是个老年人,就强忍着到桥下把鞋子捡了上来。老人说:"给我把鞋穿上。"张良想,既然已经捡了鞋,好事做到底吧,就跪下来给老人穿鞋。老人穿上后笑着离去了。一会儿又返回来,对张良说:"你这个小伙子可以教导。"于是约张良再见面。这个老人后来将《太公兵法》传授于张良,张良最终成为一代良臣。

二

唐代宰相娄师德的弟弟要去代州都督府上任。临行前,娄师德对弟弟说:"我没多少才能,现位居宰相,如今你又得州官,得的多了,会引起别人的嫉恨。该如何对待?"他弟弟回答说:"今后如果有人往我脸上啐唾沫,我也不说什么,自己擦了就是。"娄师德说:"这正是我担心你的。那人啐你,是因为愤怒,你把它擦掉了,这就是抵挡那人怒气的发泄。唾沫不擦自己也会干的,倒不如笑而接受呢。"

三

阿兰·马尔蒂是法国西南小城塔布的一名警察,这天晚上他身着便装来到市中心的一间烟草店门前。他准备到店里买包香烟,这时店门外一个叫埃里克的流浪汉向他讨烟抽,马尔蒂说他正要去买烟,埃里克认为马尔蒂买了烟后会给他一支。

当马尔蒂出来时,喝了不少酒的流浪汉缠着他索要烟,马尔蒂不给,于是两人发生了口角。

随着互相谩骂和嘲讽的升级,两人情绪越发激动,马尔蒂掏出了警官证和手铐,说:"如果你不放老实点,我就给你一点颜色看。"埃里克反唇相讥:"你这个混蛋警察,看你能把我怎么样?"在言语的刺激下,二人扭打成一团,旁边的人赶紧将两人分开,劝他们不要为一支烟而发那么大火。

被劝开后的流浪汉骂骂咧咧地向附近一条小路走去,他边走边喊:"臭警察,有本事你来抓我呀!"失去理智、愤怒不已的马尔蒂拔出枪,冲过去,朝埃里克连开四枪,埃里克倒在了血泊中……

法庭以故意杀人罪对马尔蒂做出判决,他将服刑 30 年。

笔者观点

克制和忍耐并不等同于懦弱无能。只有懂得克制和忍耐的人,才是真正的智者。生活中我们常见到因不能克制自己的情绪,从而引发争吵、打架,甚至流血冲突的事件。激动的情绪不可放纵,因为它可能使我们丧失冷静和理智,使我们不计后果地行事。因此,我们在遇到事情时,在面对人际矛盾时,要学会克制,学会忍耐,忍一时风平浪静,退一步海阔天空。

(四)安心本职工作

角色转换是一个艰苦的过程,需要做到安心本职、甘于吃苦、放下架子、虚心学习、善于观察、勤于思考。

(五)勇挑重担、乐于奉献

工作本身就是一个奉献的过程,不少公司的企业文化中都将付出和奉献放在了重要的位置,工作中不懂得奉献的人,面对的必将是失败的结局。

案例启迪

李万君,中车长春轨道客车股份公司高级技师,2016 年被中组部授予"全国优秀共产党员"荣誉称号。为了在外国对我国高铁技术封锁面前实现"技术突围",李万君凭着一股不服输的钻劲儿、韧劲儿和勇于担当的精神,一次又一次地试验,取得了一批重要的核心试制数据,积极参与填补国内空白的几十种高速车、铁路客车、城铁车转向架焊接规范及操作方法,先后进行技术攻关 100 余项。如今,中车长春轨道客车股份有限公司的转向架年产量超过 9000 个,比庞巴迪、西门子和阿尔斯通等世界三大轨道车辆制造巨头的总和还多。

笔者观点

当今社会,奉献常常被一些人嗤之以鼻,认为甘于奉献的人都是"傻子"。但是,持这种观点的毕竟是少数人,绝大多数的人都在默默地做着贡献。什么是"贡献"?不只是做出大成绩才叫贡献,安于岗位,尽职尽责,即便没有什么骄人的成绩,也一样是奉献。

(六)完善行为习惯

按照社会对职业角色的要求,不断完善自己的行为习惯,尽快为社会接受和认可。在具体工作中,应自信而不自负,诚实而不木讷,进取而不狂妄,约束而不拘束,果断而不武断。

(七)建立和谐的人际关系

美国著名教育家卡耐基曾指出:一个人事业的成功,只有 15% 是由他的专业技术决定的,另外的85％,则要靠人际关系。

人际交往能力在未来职业生涯中具有举足轻重的作用,因此必须学会处理本人与领导、同事的关系。加强自身修养,树立正确的世界观、人生观、价值观,培养良好的道德品质,这是建立和谐人际关系的根本。诚实、自信、守信、宽容,让人格魅力成为人际交往吸引力的源泉。

【职业思考】

完成下面的人际交往能力测试题,了解自己的交际能力,并做出改善。

1. 你是否常常在别人没有提出要求的情况下,主动表达你的观点?
2. 你是否认为在你的好朋友当中,至少有三个人比你本事差?
3. 你是否认为独自一人吃饭是一种享受?
4. 你对报刊上的侦探、股市、破案消息是否很感兴趣?
5. 你对测验题是否很感兴趣?
6. 你是否喜欢向别人谈论自己的抱负、失望和困难?
7. 你是否经常向别人借东西?
8. 和朋友一起外出娱乐、吃饭时,你是否希望各付各的钱?
9. 当你讲述一件事情时,是否把每个细节都讲出来?
10. 当你招待朋友需要花钱时,你是否喜欢这种招待?
11. 你是否为自己绝对坦率而自豪?
12. 与朋友约定时间见面时,你是否常常让对方等候你?
13. 你是否从内心喜爱小孩?
14. 你是否经常开庸俗的玩笑?
15. 你对人是否常常怀有恶意?
16. 你讲话时是否常常使用"非常好""特别好"或"坏极了"一类字眼?
17. 购物、乘车时,如果售货员和售票员态度不好,你是否非常生气?
18. 对那些不像你一样对音乐、书籍或体育活动充满热情的人,你是否认为他们愚蠢、无聊?
19. 你是否常常许诺但不兑现?
20. 处在不利情况下,你是否会灰心、失望?

结果与下面的答案对应得1分。请计算你的总分。

【答案】

1～5:否否否是是。
6～10:是否否否是。
11～15:否否是否否。
16～20:是否否否否。

【得分说明】

16～20分:与人和睦相处的能力相当好。
12～15分:与人和睦相处的能力很好。
8～11分:与人和睦相处的能力不太好。
7分以下:与人和睦相处的能力不好。

【改善方法建议】

1. 与人交谈态度真诚、语气和缓友好。

2. 发生不愉快时压住心中的怒火,尽量心平气和地说话。

3. 在别人需要帮助的时候及时提供帮助并不求回报,尽力做到每天都帮不同的同学做一件好事。

4. 学会和兴趣爱好不同、性格不同、观点不同、成绩不同的同学做朋友。

第四章
职业生涯发展目标与措施

ZHIYE SHENGYA
FAZHAN MUBIAO
YU CUOSHI

高瞻远瞩

孟尝君养士三千,当然其中也有吃闲饭的。有一位叫冯谖的穷人,实在穷得没办法了,就托人找孟尝君,希望能到孟尝君门下混口饭吃。孟尝君例行公事地问这冯谖的情况:有什么爱好吗?没有什么爱好。那有没有什么能耐呢?也没有。可就这样一个既无爱好又无能耐的人,孟尝君居然也收留了他。可那些佣人可就不干了,看不起冯谖,成天给他粗茶淡饭。

过了一段时间,冯谖就倚门弹剑哼歌了:"长剑长剑回去吧,吃饭没有鱼。"佣人就把这事向孟尝君打起了小报告,孟尝君大手一挥,给他吃鱼,待遇跟别人一样。又过了一段时间,冯谖又故技重演,这回唱的是:"长剑长剑回去吧,出门没有车。"别人就把这事当笑话一样的讲给了孟尝君听,孟尝君豪爽地说:"给他车子吧,与别的乘车人一样。"这下,冯谖可就得意了,乘着车子去看他的朋友并且说:"孟尝君非常尊重我。"可没过多久,他又开始弹剑唱道:"长剑长剑回去吧,没有钱养我家。"这下,别人都觉得他太过分了,简直是贪得无厌,就去孟尝君那儿报告,孟尝君倒不在意,在得知他家中尚有一老母后,就叫人按时供给其母吃穿用度。于是,冯谖就不再唱歌了。

冯谖是三千门客中并不为孟尝君所器重的一个谋士,一次他受命去孟尝君的封地薛城收债,他问孟尝君:"收了债,要不要为您买点什么回来?"孟尝君说:"你看我家缺什么,就买点什么回来好了。"冯谖到了薛城,把所有债券当众烧毁。当地百姓大感孟尝君的恩德。冯谖回来交差,对孟尝君说:"我为您买来了'义'。"孟尝君虽然心中不悦,认为无此必要,倒也没有责怪他。事情过去不久,齐王听信谗言,让孟尝君交出相印,退隐薛城。孟尝君离京去薛时,百姓出城十里远迎。消息传回京城,齐王深悔自己不察,迎回孟尝君当面致歉。

由于冯谖的远见,孟尝君避免了一场政治波折,并得以巩固自己的地位。这叫作,未雨而绸缪,留了条后路。但大权在握的人,往往喜欢把事情做绝,不大会去想到身后事。或者认为已经把事情安排周全了,并无后顾之忧。

第四章 职业生涯发展目标与措施

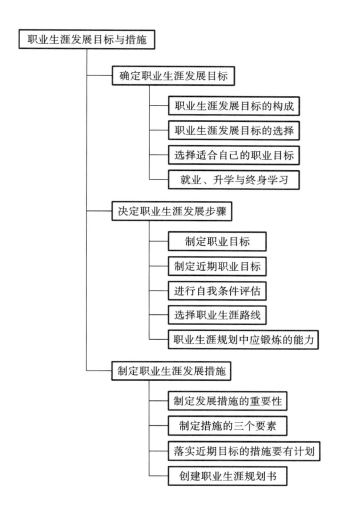

第一节 确定职业生涯发展目标

案例导引

2012年,一位叫段小磊的保安成了网络红人。他是腾讯的保安,却通过应聘进入腾讯研究院,成为一名工程师。马化腾将其评为"励志哥",而追捧的网友,更是送了个威武的称号,叫"攻城狮","攻城略地"的"攻城","狮子"的"狮"。这个小伙子为什么能一下吸引这么多人的关注呢?

段小磊于2011年8月份加入腾讯公司任前台保安。不过他并不是一个一般的保安,他毕业于洛阳师范学院,拥有计算机和工商管理的双学位,梦想成为IT职业经理人,找工作几经碰壁后,他决定从事上手很快的保安工作。2012年2月份,腾讯研究院一名负责人急需一批外聘员工,她知道段小磊在看计算机的书,于是建议他试试做数据标注的外包工作,几天后段小磊经过面试成为腾讯的外聘员工,负责一些数据整理和数据运营工作。他的梦想是成为像乔布斯那样的终极产品经理。

有人问:"你在一次又一次的面试背后付出了些什么?"

段小磊:"每天连续站七个小时,腰酸腿酸脚痛后还要看书学习一直到晚上十点。这段时间也许学到的知识不多,但是这种经历就是一种财富,是一辈子可以珍惜的东西。"

当然也有人对他有些不理解,既然有双学位的学历,为什么还做保安呢?

段小磊:"不是找不到工作,而是没有找到自己喜欢的工作。而腾讯这边有很多岗位,我可以了解很多信息,也许能找到一个适合自己而自己又喜欢的工作。并没有想到一定会进来,当初只是想找到一个自己喜欢又适合自己的岗位。现在找到了,我想成为一名产品经理。"

段小磊为什么能得到腾讯公司首席执行官马化腾的赏识?因为他有很明确的奋斗目标。奋斗的路有很多条,他只是选择了其中的一条。最重要的是确定自己的目标,围绕目标坚定不移地做好本职工作,同时不断学习,机会总是留给有准备的人的。

一、职业生涯发展目标的构成

职业生涯目标是指个人在选定的职业领域内未来时点上所要达到的具体目标,包括短期目标、中期目标和长期目标。每一个人的职业发展都需要经过几个阶段,个人需要依据职业发展周期调整个人的知识水平和职业偏好。所以美国职业指导专家萨帕把人的职业发展过程分为职业生涯早期、职业生涯中期、职业生涯后期三个阶段,同时也提出了具有前瞻性和可行性的建议及对策。

(一)职业生涯早期

重视人生的第一份工作。

尽早确定职业发展方向。

敢于承担责任和迎接挑战。

立足于"择己所爱、择己所长、择己所需、择己所利"的现实,实事求是地分析发展条件,明确发展目标。

(二)职业生涯中期

正视现实,坦然面对。

客观分析,提高能力。

调整检测,身心保健。

扬长避短与扬长补短相结合,自觉加强职业道德养成,通过自省的办法做到慎独,促进职业目标的顺利实现。

蔡惠毕业于广西某所中等职业学校财会专业。按照毕业前的职业生涯设计,她的中期目标是到某企业里做一名会计,然而该企业财务部的进门标准就是名牌大学财务会计专业优秀毕业

生。但蔡惠并没有放弃,她应聘成为这家企业的一名清洁工。

蔡惠把厂区打扫得干干净净,不留一点儿死角,还主动将可以回收的废品分门别类整理好,交给后勤部门处理。不久,她成为仓库保管员,不但把物品管理得井井有条,账目做得一丝不苟,而且还对一些生产用料的使用效益提出了合理建议,为企业节约了不少成本。后来,财务部的一位出纳休产假,单位领导让她临时顶岗……一年后,蔡惠成为财务部副经理。

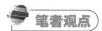

蔡惠之所以能成功,是因为她做清洁工时就树立了当会计的目标。因此,她每天所从事的工作、所考虑的问题,甚至她的言谈举止,都在为实现自己的目标而努力,都在为自己的目标积累素材、创造条件。职业生涯设计使她获得了职业的成功。

(三)职业生涯后期

调整心态,按时退休。

培养有潜力的年轻人。

对于中职生来说,有很多人也有自己的目标。社会环境的巨大变化和一些不确定因素的存在,会使我们与原来制定的职业生涯目标与规划有所偏差,这时需要对职业生涯目标与规划进行评估和做出适当的调整,以更好地符合自身发展和社会发展的需要。目标对人生有巨大的导向性作用。

职业生涯规划的类型如表4-1所示。

表4-1 职业生涯规划的类型

类　型	内容及设想
人生规划	整个职业生涯规划过程,时间为40年,设定职业生涯发展目标,如成为CEO
短期规划	毕业后3年内的规划,主要确立近期目标,如掌握专业技能,积累工作经验
中期规划	3~5年内的目标任务,如从基层做起,找适合的机会,晋升较高的职位
长期规划	5~10年的规划,一般为较长远的目标,如40岁成为大型企业的总经理等

李毅是某师范学院2012届生物科学专业本科毕业生,毕业后在学校大门斜对面筹办了一间餐馆。记者采访李毅将近一个小时,期间竟没有看到其他工作人员。对此,李毅调侃地笑着说,整个餐馆就靠李毅和李毅堂姐支撑。李毅说,目前餐馆很多方面都需要人手,但由于资金困难,自己只好一手包办。

"现在我是既当老板又当工人,堂姐原来是在外面打工的,后来见到我在玉林开了餐馆,就把原来的工作辞掉,从老家博白前来帮忙。"在他的餐馆里,记者看到李毅的堂姐正在认真地清洗碗筷,打扫卫生,十分勤恳。面对记者的提问,她只是笑笑。记者还从李毅的口中了解到,毕业后,他曾前往大新县雷平中学教书,试用两个月后,找不到激情,加上工资也不高,于是辞职回玉林开餐馆,自己做起自己的老板来。

目前,李毅每天的工作就是采购、管理账目等一系列的工作,奔跑在每个工作环节中,忙碌着一件件大大小小的事情。虽然十分辛苦,但他依然坚信,付出就有收获。李毅的餐馆打扫得整洁干净,餐桌和凳子摆得十分整齐。对于办餐馆一事,李毅告诉记者,他于2012年6月份毕业后,觉得就业竞争激烈,而他又没有做老师的打算,就想到了自主创业,自己开餐馆做起了老板。据他介绍,他的餐馆租的是一间民房,共三层,目前经营面积300多平方米,开业前期准备工作,包括装修、购买餐桌、餐具和凳子等物品,花了8000多元,加上其他的一些花费,共用了1万多元。2012年11月22日开业,从目前的经营情况来看,餐馆一般周五到周日生意爆满,平时前来消费的顾客就不是很多,支出略大于收入,因此目前餐馆面临着许多困难。对此,李毅告诉记者,创业之初总是伴随着艰难困苦的,关键要端正自己的态度,要具有迎难而上的精神,要放得下面子,大学生完全可以做好每一件事,工作并没有贵贱之分。

笔者观点

不管我们处在什么角色,明确的目标都是执行力的核心出发点。一个明确的目标,会给人带来无穷的动力。虽然和大学生比起来,中职生的年龄段偏低,但职业教育的经历已经让他们对未来的就业有了充分的认识。一个明确的目标,能让中职生更加自信地走向工作岗位。

二、职业生涯发展目标的选择

据统计,在选错职业的人当中,有80%以上的人在事业上是失败者。因此职业选择的正确与否,直接关系到人生事业的成功与失败。因此中职生对职业生涯发展目标的选择一方面要从社会发展和企业需求的角度出发,另一方面必须得考虑自身的实际情况,扬长避短、扬长补短,抓住机遇,充实自己,切勿好高骛远。

案例启迪

吴东在技校时,参加全区技能竞赛荣获数控车工第一名,破格拿到本专业高级工证书。2014年毕业后,面对严峻的就业形势,吴东最终选择到亲戚开的公司里做一名出纳。可进了公司以后,吴东发现自己缺乏财会知识,又不擅长处理复杂的人际关系,于是毅然放弃了较高的薪酬,辞职了。吴东毕竟学的是数控专业,在分析自己的优势后去了一家企业操作数控机床,并下决心成为高级技师。

吴东对自己的要求很高,加工的工件从未出现过次品。一次外商急需加工一批零件,找了好几家工厂都达不到技术上的要求。当找到吴东所在的工厂时,他主动请缨,通过反复试验,很快做出了符合要求的产品,既帮外商解了燃眉之急,又为工厂赢得了声誉。通过几年的实践,吴东成了厂里的技师骨干。

吴东工作相当出色,以第一名的优异成绩获得了"技术能手"称号。他不但获得了高级技师的资格证书,而且成为全区最年轻的高级技师。

笔者观点

吴东放弃较高的薪酬决心去操作数控机床的原因是什么?他的目标选择是否正确?每个人对这两个问题都有自己的看法。笔者认为,只要最终的结果是成功的,目标的选择就是正确的。

三、选择适合自己的职业目标

"金无足赤,人无完人。"任何人都不是全能的,我们要在了解自己的基础上,扬长避短,选择适合自己的发展方向,这样,在职业生涯发展的道路上就会比较顺利。

爱因斯坦是世界著名的科学家,以色列曾邀请他回国当总统,被他婉言拒绝了。爱因斯坦认为:自己的性格适合当科学家、搞研究,不适合当总统、搞政治,如果一定让他当总统,那可就总统当不好,科学研究搞不出,因为谁也做不到又当总统又当科学家,并且两边都能干出成绩来。爱因斯坦是伟人,伟人和常人不同的地方就在于他们比常人看得远、看得深,绝不随波逐流,绝不为尘世间的一点小名利轻易地改变自己,去干对别人来说也许是梦寐以求的但是不适合自己的事。我们设想下,如果爱因斯坦真的去当总统,结果会怎样?极可能是以色列多了一位无足轻重的总统,而人类少了一位伟大的科学家。

在选择职业的过程中要注意性格与职业的匹配、兴趣与职业的匹配、特长与职业的匹配,以及内外环境与职业的匹配。良好的职业选择是以自己的最佳才能、最优性格、最大兴趣、最有利环境等信息为依据进行的。

四、就业、升学与终身学习

毕业以后,面临的抉择之一是先就业还是先升学。这取决于所学的专业、就业形势、学习基础、职业生涯发展目标、家庭经济条件等多种因素,也取决于升学与就业的生源比、就业率。家庭负担是自己对家人、对社会及对家庭的义务。事实上,有很多的毕业生由于家庭负担过重,不得不考虑现实,直接就业。

但不论是先升学还是先就业,都得树立终生学习的观念,根据自己从业的需求,不断地更新技术和知识,才可能达到成功的目标。

升学并不只是对文凭的需求,升学也是为了起点更高地就业。在今后的社会里,每个从业者都要以多种形式不断地给自己"充电",以跟上社会对从业者知识、能力不断提升的要求,适应科技进步对职业演变的拉动。"全民学习,终生学习"将会为我国社会更好地完成终极目标提供动力。

哈佛大学曾对一群智力、学历、环境等客观条件都差不多的年轻人做过一个长达25年的跟踪调查,调查内容为目标对人生的影响。结果发现:27%的人,没有目标;60%的人,目标模糊;10%的人,有清晰但比较短期的目标;3%的人,有清晰且长期的目标。25年后,这些调查对象的生活状况如下:3%的有清晰且长远目标的人,25年来几乎都不曾更改过自己的人生目标,并向实现目标做着不懈的努力。25年后,他们几乎都成了社会各界顶尖的成功人士,他们中不乏白手创业者、行业领袖、社会精英。10%的有清晰的短期目标者,大都生活在社会的中上层,他们的共同特征:那些短期目标不断得以实现,其生活水平稳步上升,成为各行各业不可或缺的专业人士,如医生、律师、工程师、高级主管等。60%的目标模糊的人,几乎都生活在社会的中下层,能安稳地工作与生活,但都没有什么特别的成绩。余下27%的那些没有目标的人,几乎都生活在社会的最底层,生活状况很不如意,经常处于失业状态,靠社会救济生活,并且时常抱怨他人、社会和世界。

比塞尔的故事

比塞尔是西撒哈拉沙漠中的一个小村庄,它靠在一块1.5平方公里的绿洲旁,可是在肯·莱文1926年发现它之前,这儿的人没有一个走出过大沙漠。肯·莱文作为英国皇家学院的院士,当然不相信这种说法。他用手语向这儿的人问其原因,结果每个人的回答都是一样的:从这儿无论向哪个方向走,最后都还是要转到这个地方来。为了证实这种说法的真伪,他做了一次实验,从比塞尔向北走,结果三天半就走了出来。

比塞尔人为什么走不出来呢?肯·莱文非常纳闷,最后他只得雇了一个比塞尔人,让他带路,看看到底如何。他们带了半个月的水,牵上两匹骆驼,肯·莱文收起指南针等现代化设备,只挂一根木棍在后面。10天过去了,他们走了数百英里(1英里≈1.609千米)的路程,第11天的早晨,一块绿洲出现在眼前。他们果然又回到了比塞尔。这一次肯·莱文终于明白了,比塞尔人之所以走不出沙漠,是因为他们根本不认识北斗星。

在一望无际的沙漠里,一个人如果凭着感觉往前走,他会走出许许多多、大小不一的圆圈,最后的足迹十有八九是一把卷尺的形状。比塞尔处在浩瀚的沙漠中间,方圆上千公里没有一点参照物,若不认识北斗星又没有指南针,想走出沙漠,确实是不可能的。

肯·莱文在离开比塞尔时,带了一位叫阿古特尔的青年,这个青年就是上次和他合作的人。他告诉这位小伙子,只要白天休息,夜晚朝北面那颗最亮的星走,就能走出沙漠。阿古特尔跟着肯·莱文,3天之后果然来到了大漠的边缘。

现在比塞尔已是西撒哈拉沙漠中的一颗明珠,每年都有数以万计的旅游者来到这儿。阿古特尔作为比塞尔的开拓者,他的铜像被竖在小城中央。铜像的底座上刻着一行字:新生活是从选定方向开始的。

从以上这个故事,我们可以看出:成功,需要明确的目标和方向。

【职业思考】

1. 一般来说,中职生面临的近期目标主要有两个,即升学与就业。究竟是先升学还是先就业,这是中职生很现实也很关键的目标选择,要十分慎重。不同目标的确立将决定学生三年中学习的不同方向。基于这个问题,班主任、任课教师可以合作,共同策划并组织一次主题班会。

(1)由教师将班级成员分为4~6个小组,小组成员根据自己的专业交流自己的职业生涯发展规划,并说明和讨论确定近期目标的理由和可实施性。

(2)讨论:如果毕业后先就业,那么以后还需要学习吗?怎样学?为什么?

2. 回顾以前自己是否轻率地制定过错误目标,后果是什么,当时制定错误目标的原因是什么。

第二节　决定职业生涯发展步骤

小鹏中专就读于对外经济贸易专业，毕业后理所当然地寻找专业对口的工作。但小鹏的英语并不好，中专时也没认真学习过，毕业后就更别提了。虽然在中专期间小鹏也想过毕业后不找本专业的工作，但就业形势和找工作的现实让小鹏不得不妥协，最终找了一家很小的外贸公司做外贸业务员。

业务员是和销售有关的工作，底薪很低，如果没提成，那工资只能维持个人温饱，别说能多挣钱了。

在一年多的外贸生涯里，小鹏不但在业绩上毫无起色，性格也从开始的乐观变得消沉。由于做业务压力大，晚上也开始失眠。总之，工作是痛苦的，生活也免不了受工作情绪的带动。

小鹏在工作中想得最多的就是跳槽，换行业。但他对自己的职业生涯很迷茫，不知道什么适合自己，自己又适合什么，自己的兴趣是什么，自己的所长又是什么。

由于工作需要，小鹏每天对着电脑，就经常浏览一些帖子。有段时间关于职业生涯的内容深深地吸引了小鹏。从此，小鹏不再平静，开始积极收集这方面的信息，并进行自我分析和总结。后来他到母校去，找到了从事职业规划的老师，在老师的引导和分析下，小鹏毅然辞去了那份食之无味的外贸工作，走上了自己感兴趣的网络游戏开发及维护这个行业。

中专时玩网络游戏所积累的经验和技术，都在这份工作中派上了用场，小鹏从中获得了乐趣，开心工作的同时也获得了丰厚的劳动报酬，谁说这不是人生的一大乐趣呢？

对自己的工作和前途感到迷茫？正常！长期迷茫？那就需要调整与改变！

笔者观点

小鹏经过深思熟虑，最终辞去专业对口的工作，选择了与自己专业毫不相干的网络游戏开发及维护这个行业，是建立在他认真地做了职业生涯规划的基础上的。他在确立了目标之后，还积极地借助专业力量，进行了职业发展规划，从而顺利地转行到了自己所喜爱的工作。

一、制定职业目标

职业目标是个人职业规划的首要内容，是人生的指针，有了目标就有了奋斗的方向。其中重点是近期目标，它将长期目标阶段化、近距离化，为长远目标的实现构建发展平台。

（一）制定目标的步骤

（1）在自己所在的社会环境下，了解区域的发展趋势、企业需求，找准自己的位置。

（2）针对自己的情况，客观评价自己。根据自己的专业、性格、气质等找出自己的特点，并找出自己的优势。根据上面的分析结果，确定往哪个职业目标方面发展。

（3）确定职业目标后，用积极的语言把该目标详细地写下来，或将目标进行分解，如把目标分割成每年、每月、每周的目标。

(4)制定适合你的可行性措施,时刻了解自己的实施进程,或者寻找一个良师益友分享你的目标,并督促你踏踏实实地执行每一个目标。

(5)在不断达到目标的过程中,充分肯定自己并及时给予自己一点鼓励。

一

王君,毕业于某所技校的机电专业,毕业后成为一家中型企业的技术工人,每天上班不迟到不早退,一切表现平平,下班后陪朋友吃吃饭、聊聊天也就到了睡觉时间。这样的日子过了两三年,王君依旧是一名普通的技术工人。期间换过两份工作,只是换了地方而已,职位、薪水一样。他自己很迷茫,不知未来是什么样。

二

夏明,同样毕业于某所技校的机电专业,从毕业那年开始,他就为自己的职业生涯制定了详细的职业目标。

职业目标:大型照明企业技术主管。

2005—2010年

成果目标:通过实践学习,掌握熟练技术,总结出照明企业管理理论。

学历目标:参加函授学习,取得本科学历,学习技术和管理。

职务目标:从技术能手到技师。

能力目标:掌握熟练技术,在车间有一定知名度,同时具有一定的管理能力。

经济目标:技师,年薪5万~8万元。

2010—2015年

学历目标:通过高级技师考试。

职务目标:著名大型照明企业高级主管。

能力目标:熟练处理本职务工作,工作业绩在同级同事中居于突出地位;熟悉企业运作机制及企业文化,能与公司上层进行无阻碍的沟通;形成自己的管理理念,有很高的演讲水平,具备组织、领导一个团队的能力;与公司决策层有直接流畅的沟通;具备应付突发事件的心理素质和能力;有广泛的社交范围,在业界有一定的知名度。

经济目标:年薪15万~20万元。

显而易见的是,有发展规划和没有发展规划,终将获得完全不同的结果。

(二)制定目标时的注意事项

(1)目标要符合现代社会与企业的需要。

(2)目标要符合专业特点、自身的特长。

(3)目标要符合实际情况,不盲目跟从。

(4)注意长期目标和短期目标相结合。在制定长期目标时,要多考虑一些自身因素和社会因素,而制定中期目标和短期目标时,则要更多地考虑组织因素。通过制定个人的短期目标、中期目标和长期目标,就形成了完整的个人目标体系。

二、制定近期职业目标

(一)近期目标是职业生涯规划中最重要的阶段目标

由于中职生正处于职业生涯规划的关键时期,而近期目标又是第一个指向明确,并能以此调整个性、提升素质的目标,具有特殊意义。这一时期把近期目标确定好了,对夯实职业生涯发展的基础具有积极作用。

中职生应该充分利用在校学习时期,从所学专业出发,去了解社会、了解职业、了解自己,确定发展方向、发展目标,尤其是近期目标。只有这样,才能有针对性地、有意识地培养职业兴趣,提升自身素质和综合能力、职业能力,为今后的职业生涯发展打下良好的基础。

案例启迪

西华·莱德是英国知名作家兼战地记者。第二次世界大战期间,他从一架受损的运输飞机上跳伞逃生,落在缅甸与印度边境的一片丛林中。当地人告诉他,这儿距印度最近的市镇也有225千米。这对于习惯以车代步的西华·莱德来说,几乎是段可望而不可即的路程。为了活命,他拖着落地时扭伤的双脚,一瘸一拐地走了下去。这位研究过心理学的西华·莱德,知道如何调节自己的情绪,他唯一的念头就是"走完下个一千米"。奇迹发生了,历尽艰难的西华·莱德终于回到了印度。

西华·莱德的这段经历公之于世后,在他的家乡肯德郡引起了不小的轰动,许多年轻人把西华·莱德的"走完下个一千米"作为自己的行动指南。无独有偶,极其相似的故事发生在数十年后的一位日本人身上。

名不见经传的日本马拉松选手,矮个子山田本一分别在 1984 年日本东京和 1986 年意大利米兰国际马拉松邀请赛上两次夺冠,令人大感不解。10 年后,他在自传中解开了这个谜:每次比赛之前,他都要乘车把比赛路线细细地看一遍,并把沿途较醒目的标志画下来。比如,第一个标志是一栋高楼,第二个标志是一棵大树,第三个……这样一直画到赛程的终点。开始比赛时,他就以百米跑的速度,奋力向第一个目标冲击,等到达第一个目标后,他又以同样的速度奋力向第二个目标冲去……40 多千米的路程被他分解成一个个小目标,他便轻松地跑完了全程。起初,他把 40 多千米外终点上的那面旗帜作为目标,结果跑了十几千米就疲惫不堪了。山田本一的这一目标分解法可以被称为"近期目标效应"。

近期目标效应还说明,目标不仅要分解,而且要具体。有人做过这样的实验:把人随机分成两组,让他们去跳高。两组个子都差不多,先是一起跳了 1.2 米,然后把他们分成两组。对一组说:"你们能跳过 1.35 米。"而对另一组说:"你们能跳得更高。"然后让他们分别去跳。结果,第一组由于有 1.35 米这样一个具体要求,他们每个人都跳过了这一高度。而第二组没有具体的目标,所以他们大多数人只跳了 1.2 米多一点,不是所有的人都跳过了 1.35 米。由此可以看出有没有具体目标的差别。

笔者观点

人无远虑,必有近忧。目标定得远了,就容易变得不切实际,好高骛远。重视近期目标,实现了近期目标,远期目标才有日可期。

(二) 近期目标制定的要求

中职学习时期是中职生确立近期目标的最佳时期。确立近期目标要符合中职生的特点。

1. 脚踏实地,不好高骛远

俗话说:"千里之行,始于足下。"对于中职生而言,我们设计近期目标应该立足于自身的实际情况,最好是一些较易就业的、要求较低的初级岗位。如果好高骛远、不切实际,就很容易使整个职业生涯规划变为空中楼阁。希望越大失望就越大,就是这个道理。因此近期目标是迈向成功职业生涯的第一阶梯,应该是通过个人的努力,一定能达到的目标。

案例启迪

有个同学举手问老师:"老师,我的目标是想在一年内赚100万!请问我应该如何达到我的目标呢?"

老师便问他:"你相不相信你能达成?"他说:"我相信!"老师又问:"那你知不知到要通过哪个行业来达成?"他说:"我现在从事保险行业。"老师接着又问他:"你认为保险行业能不能帮你达成这个目标?"他说:"只要我努力,就一定能达成。""我们来看看,你要为自己的目标付出多大的努力。根据我们的提成比例,100万的佣金大概要做300万的业绩。一年300万的业绩,那么每个月平均就是25万的业绩,也就是平均每天8300元左右的业绩。"老师说,"每一天8300元的业绩,大概要拜访多少客户?"

"大概要50个人。""那么一天要50人,一个月要1500人,一年就需要拜访18 000个客户。"

这时老师又问他:"请问你现在有没有18 000个A类客户?"他说:"没有。""如果没有的话,就要靠陌生拜访。你平均一个人要谈上多长时间呢?"他说:"至少20分钟。"老师说:"每个人要谈20分钟,一天要谈50个人,也就是说你每天要花16个多小时在与客户的交谈上,还不算路途时间。请问你能不能做到?"他说:"不能。老师,我懂了。目标不是凭空想象的,是需要凭着一个能达成的计划而定的。"

笔者观点

正如案例中的同学最终所说的,目标不是凭空想象的,是需要凭着一个能达成的计划而定的。没有计划,所有的目标都是空想。一旦有了计划,空想也能变成现实。

2. 围绕近期目标,补充发展条件

目标不是孤立存在的。目标是与计划相辅相成的,目标指导计划,计划的有效性影响着目标的达成。所以在执行目标的时候,要考虑清楚自己的行动计划。怎么做才能更有效地完成目标,是每个人都要想清楚的问题,否则,目标定得越高,达成的效果越差。

刚入校的中职学生缺乏社会实践经验,缺乏对专业的全面了解。因此不能够结合目标对从业者的具体要求,对自身条件和外界环境做出细致的分析,不能够深入剖析自己达到目的的优势与差距。所以,在近期目标初步确定以后,还需要分析完善发展条件,进一步找到实现近期目标的优势和差距,补充发展条件。

围绕近期目标补充发展条件,要针对自己的优势和差距进行分析,主要有职业道德养成、个性特点、知识、技能、习惯等方面。这些都可以通过查漏补缺、弱点修正等针对性措施专门培养。

案例启迪

小张学的是汽车运用与维修专业,他给自己定的长期目标是毕业后15年成为一名高级汽车修理技师。为了成功实现这个目标,他给自己定了两个阶段性的小目标:毕业后,先做一名合格的汽车修理工,5年后成为一名修理技师。确定了近期目标后,小张把自己的学习情况、现状与职业具体要求做了对比。他发现,如今家用小汽车业蓬勃发展,社会急需汽车维修人员,同时他发现自己擅长动手,不怕脏、不怕累,理论知识也比较扎实,这更坚定了他实现目标的信心和决心;可自己做事马虎、邋遢、张扬的个性与汽车维修工沉稳、谨慎、细心的职业性格有差距。

为此,他在制订目标计划的同时,也制订了发展计划:在毕业前拿到汽车驾驶证,汽车发动机、底盘、电气等理论知识和汽车构造、钣金、喷漆等实际操作知识也要弄懂弄透,取得初级汽车维修资格证;同时,加强职业道德基本原则和汽车维修职业守则的学习,在中职技能大赛中汽车检测与维修项目取得奖项。此外,他还制订了在日常生活学习中锻炼自己耐得住寂寞、意志坚强、做事认真仔细等性格的计划。老师、同学们看了他的计划,都赞叹他:"切实可行,一定能实现目标的。"

根据近期目标对从业者的要求,进一步分析自己,找到不足的条件,有针对性、有措施地完善自己,这样才能更快地实现目标。

笔者观点

计划越详细,可执行性就越高。一份详细的计划往往涵盖了执行过程中需要了解的知识、可能遇到的风险等内容。只有做一份详细的执行计划,才能在执行时做到有备无患。

3. 发掘潜能,激励斗志

在充分了解自身情况、努力掌握专业知识的前提下,制定务实的近期目标,而不是"低标准""低效率"的目标。作为中职生,我们应该了解本专业持续性、发展性的特点,除此之外我们还要树立自信心,激励斗志。

只有我们给自己的人生设定了目标,我们内心深处那个勇敢、坚定、执着、不畏艰险的自己才会走出来,我们才能最大限度地激发自己的潜能,更好地迎接人生路上的各种挑战。所以,我们要敢于追逐梦想,敢于制定富有挑战性的目标,这样,我们的潜能才能最大限度地被激发出来,才更加容易在未来的职场上获得成功。

4. 明确方向,有年级特点

不同年级的中职生,近期目标是有区别的。对于入学不久的新生,既可以把毕业时首次择业的岗位作为近期目标,也可以把升学作为近期目标,还可以把毕业时甚至二年级应取得的职业资格作为近期目标。高年级学生临近毕业,一般应把自己就业的第一岗位或升学的具体院校作为近期目标。

对于刚刚工作的人来说,干好第一份工作是自己的首要目标,因为工作是实现其他愿望的必经之路。可干了一段时间后,你可能发现,自己对这份得来不易的工作似乎有一种与生俱来的抗拒。你的天赋、能力、兴趣以及工作的持久力慢慢在丧失,整天处于惯性工作状态,你变得懈怠并且烦恼。你问自己,这到底是不是正确的职业道路呢?从这个起点开始,能不能登临事业的顶峰？

这个时候建议你，最应着手的就是要好好了解和评估你的人生发展计划，确定具体的实现步骤，尽量选择和接近适合自己能力和理想的目标，千万不要满足于我已经找到了工作的思维状态。

如果你不能一下子到达既定目标，不妨一段一段地去耕耘。策划阶段目标，可以有两种实施的方案，一种是有目标的积累，一种是没有目标的积累，就看你的选择和期许程度了。

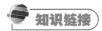

根据近期目标补充发展条件（见表4-2）。

表4-2　近期目标发展条件补充表

我的近期目标：

发展条件	近期目标的要求	自己的优势	提高的对策
专业知识			
技能水平			
职业兴趣			
职业性格			
职业能力			
道德水平			
人际关系			
其他			

三、进行自我条件评估

许多事情没做成或者有些目标没达到，并不是说我们没能力，而是将能力用错了地方。许多事情顺利完成或者某个目标实现了，不是由于我们能力高，而是将能力用对了地方。没有能力，错过机会；能力用错，痛失机会；能力用对，抓住机会；更有能力，为自己创造机会；最有能力，为别人创造机会。那么怎样才能将能力用对地方呢？如何能最快地实现目标？最重要的就是认识自己！这就是我们说的自我条件评估。

（一）自我探索

认识自己的确不简单，怎样才能认识自己？我们可以采用"自省法"，通过自我意识来省察自己的个性特点，对自己适合的职业范围进行判断。在学校里，可以通过教师提供的各项教育心理测验资料，如智力测验、情商测验、性格测验、职业兴趣测验等来判断自己在群体中的表现。

（二）认识自己的性格和兴趣

1. 人的性格特征

人的性格表现在对人、对己、对事、对所处环境的反应。在现代开放的社会中，有越来越多的新职业与机会可供人们选择，但关键在于同学们是否愿意去接触、去参与、去试探。

性格影响人们为人处世的态度，也影响人们对职业的选择。只有了解自己的性格特点才可能帮助自己在工作和生活中正确看待自己,扬长避短。心理学家把人的性格按分析方式分为四类,即外向型与内向型、理智型与直觉型、思考型与感觉型以及判断型与感悟型。

2. 兴趣对职业的影响

兴趣对一个人的学习与工作有很大的影响,它可以说是行为的原动力。兴趣会随着年龄的增长及内外环境的改变而改变,也就意味着兴趣可以加以培养。所以同学们在校期间,不妨接触不同的事物,有计划地培养自己的兴趣,这样在规划职业生涯时,就可以找到更多的可以发展的道路。

案例启迪

小余是一家电脑维修店的老板,30岁出头,每次他在为别人维修电脑时,脸上始终洋溢着微笑。毕业那会儿,由于学的是汽车维修专业,小余去当了一名汽修工,但是汽修工作他并不喜欢。后来由于工作的需要他接触到了电脑,没想到刚一接触就很感兴趣,于是花900元买了台二手电脑回家,自己摸索起来。从最初的开机关机都要请教别人,到之后慢慢开始研究电脑的硬件和软件,兴趣让他将这些让普通人觉得很枯燥的东西变得很有意思。他说他从来不用电脑打游戏,却很喜欢研究新的硬件及软件的使用方法。现在他自己开了一家电脑维修的门店。由于他维修电脑的技术很好,已经在附近小有名气,许多网吧、小公司都找他去做电脑的维护工作,每个月都有很好的收益。

笔者观点

很多成功人士就是因为将兴趣和事业结合在一起,才获得了成功。许多伟大的科学家,凭借着自己对科学的无限兴趣和激情,经常夜以继日、废寝忘食地工作着,最终攀登上了一个又一个高峰,创造了常人难以企及的成就,而这就是兴趣带来的效应。

四、选择职业生涯路线

在职业确定后,向哪一路线发展,此时要做出选择。是向行政管理路线发展,还是向专业技术路线发展;是先走技术路线,再转向行政管理路线,还是……由于发展路线不同,对职业发展的要求也不相同。因此,在职业生涯规划中,必须做出抉择,以便使自己的学习、工作以及各种行动措施沿着你的职业生涯路线或预定的方向前进。

通常职业生涯路线的选择须考虑以下三个问题:我想往哪一路线发展?我能往哪一路线发展?我可以往哪一路线发展?

回答上述三个问题,是对"知己"进行综合分析的过程,以此确定自己的最佳职业生涯路线。第一个问题是通过对自己的价值、理想、成就动机和兴趣进行分析,确定自己的目标取向。第二个问题是通过对自己的性格、特长、经历、学历以及专业的分析,确定自己的能力取向。第三个问题是通过对自己所处的社会、经济、政治、组织环境的分析,确定自己的机会取向。

发展方向不同,要求也不同。这就如同登山,要达到山顶的目标,就要选择最佳的登山路线与方式。人们常说"条条大路通罗马",讲的是"道路多、选择多、办法多"的道理。可是那么多道路到底哪条是到罗马最近最好走的路呢?这就是实现目标时的路线选择问题。选择了捷径、好路,就易于进入职业发展的快车道,否则,就会耽搁在路上。而且没有一个职业发展的路线蓝图,就容易走错路、走弯路、走回头路,这将直接影响我们的心情和成就,导致我们的努力、动力、能力不能直接作用于目标,产生资源、时间、精力的浪费,在无形中延长了我们成功的期限。因此,在职业确定之后,必须对职业生涯路线进行选择,以使今后的学习和工作沿着职业生涯路线和预定的方向发展。

关于职业目标精辟十句话

（1）无论你现在或将来从事的职业是什么,对职业要负责这一点切不可忘记。
（2）切记和谐融洽的人际关系非常重要。
（3）要优化你的交际技能。
（4）要善于发现变化并适应变化。
（5）要灵活。未来时代的工作者们可能经常转换职业角色。
（6）要善于学习使用新技术。
（7）要舍得花钱花时间学习各种指南性知识简介。
（8）摒弃各种错误观念。
（9）选择就业单位时,事前应多做摸底研究。
（10）要不断开拓进取,不断开发新技能。

五、职业生涯规划中应锻炼的能力

（一）智商(IQ)

智商是影响一个人事业成功的关键因素。通常能反映一个人智商水平的因素包括知识结构、个人能力和学习成绩。

1. 知识结构

知识结构主要指专业知识。专业知识就是指从事某种职业或进行某种特殊活动所应备的知识。中职生在校期间既要学好专业知识,又要掌握专业技能。

2. 个人能力

通常能力分为一般能力和特殊能力,一般能力包括表达能力、自学能力、适应能力、组织能力及创造能力等。不同的职业要求不同的能力,只有根据自己的能力特点和水平来选择职业,才能更好地发挥自己的能力,适应从事的工作。

3. 学习成绩

大多数的招聘者非常看重学习成绩,他们普遍认为学习成绩好的学生一般适应能力较强。还有些用人单位侧重于应聘者的选修成绩,因为它代表了一个人的兴趣和学习能力。如果你对你的学习成绩不太满意,建议你发掘自己其他方面的特长,以便在今后的应聘中吸引招聘者的目光。

头脑风暴法

头脑风暴法又称智力激励法、BS法、自由思考法,是由美国创造学家A.F.奥斯本于1939

年首次提出、1953年正式发表的一种激发思维的方法。此法经各国创造学研究者的实践和发展,至今已经形成了一个发明技法群,深受众多企业和组织的青睐。

头脑风暴法出自"头脑风暴"一词。头脑风暴(brain-storming)最早是精神病理学上的用语,指精神病患者的精神错乱状态,现在转而指无限制的自由联想和讨论,其目的在于产生新观念或激发创新设想。

(二) 情商(EQ)

情商是指一个人在生活和工作中处理事物的态度和与人交往的能力。目前在用人单位的眼里,情商考核成为越来越重要的因素。他们一致认为职员的工作态度和人际交往能力比个人的专业才能更加重要。尤其是在晋升职位时,工作积极、认真,擅长处理人际关系的人机会更大。

1. 态度

对于用人单位而言,那些积极认真地工作、以工作为重的人往往是最受欢迎的。

案例启迪

某市某公司要裁员,名单公布了,有内勤部的小灿和小燕,规定一个月后离岗。那天,大伙看她俩小心翼翼地,不敢多说一句话。因为她俩的眼圈都红红的,这事摊到谁头上都难以接受。第二天上班小灿心里憋气,情绪仍然很激动,什么也干不下去,一会儿找同事哭诉,一会儿找主任申冤,定盒饭、传文件、收发信件这些她应该干的活,全扔到一边,别人只好替她干。而小燕呢,她也哭了一个晚上。可是难过归难过,距离岗还有一个月呢,工作总不能不做。于是她默默地打开电脑,拉出键盘,继续打文稿、通知。同事们知道她要下岗了,不好意思再找她打字了,她特地和大家打招呼,主动揽活。她说:"是福不是祸,是祸躲不过,反正也就这样了,不如好好干完这个月,以后想给你们干都没机会了。"于是,同事们又像从前一样找她了。一个月后,小灿如期下岗,而小燕却被留了下来。

笔者观点

在众多的企业中,"态度"都被确立为企业精神之一,可见态度对一个企业发展的重要程度。员工具有积极的职业态度,企业才能获得良性发展;员工的职业态度消极,企业必然会走向恶性循环。中职生务必明确态度的重要性,积极培养自己的积极心态,不管是在学校还是进入企业,都要保持正能量。

2. 人际交往能力

人际交往能力包括与人沟通、合作及协调的能力,是人生存的基本技能之一。有些同学在学校里我行我素,不尊重老师和同学,以为这个是有个性的体现;有些同学只知道埋头苦学,两耳不闻窗外事,也不善于交谈。殊不知这些都不是用人单位喜欢的职员类型。因此准备求职的同学应该严肃认真地重视和重新审视自己的人际交往能力,积极锻炼自己。主要可以从以下三个方面着手:

(1) 克服社交恐惧心理,积极主动地尝试与人交谈,敢于表达自己的见解;

(2) 保持谦虚的态度,不要自以为是、骄傲自大,不然极易引起他人的反感;

(3) 克服嫉妒心理,宽宏大量,求大同存小异,学会换位思考、体谅他人。

【职业思考】

1. 主题活动:我的成功条件。

目的:发掘潜能,肯定自我,探索自己所具备的成功条件。

活动内容:

(1) 请你从以下技能中选出你所拥有的技能。

熟悉电脑基本操作技能;

预算、设计或时间管理技能;

公共或人际关系技能;

组织或协调技能;

表达或演讲技能;

方言或外语技能;

文字或书面表达技能;

推销或访问技能;

体育或保健技能;

休闲或娱乐技能。

(2) 将全班同学分为六组,每组 6~8 人,进行交流并分享心得体会。

(3) 从每组中推荐 1 人进行总结报告,并由班主任进行活动小结。

2. 在老师的帮助下用"倒计时"的方法制定阶段目标,即根据所要达到的长远目标所需要的步骤,一步一步往回倒着设计。阶段目标包括:

明确长远目标对从业者的要求;

以差距为依据搭建台阶;

分析每个台阶对从业者的要求;

理顺各台阶之间的关系;

规定达到目标的确切标准。

第三节 制定职业生涯发展措施

会计电算化专业的晓晓,一进入学校就给自己制定了职业生涯发展措施(见表 4-3)。她的远期目标是成为一名会计师,近期目标是当一名出纳或者财务人员。

表 4-3 职业生涯发展措施

	时 间 期 限		方 法	标 准
时间进度	在校期间	一年级	基础学习(考试)	期末取得优异成绩,考取全国计算机等级证书和普通话等级证书
		二年级	专业学习(考试)	考取会计电算化证,取得会计任职资格证书,熟练应用办公软件
		课余	自学、锻炼	学习财经法规和会计职业道德,掌握会计实务、会计技能,提高文秘写作能力
		周末	自学	自学专业书籍,提高自学能力,培养良好习惯,提高交际能力

续表

时间进度	时间期限	方　法	标　　准
	毕业后	出外勤时	多实践	争取多跑公司服务的小企业,了解服务对象的需求。为小企业排忧解难,做到对本职工作尽职尽责
		处理内务时	多学习	向公司老会计学习,争取业务指导,提高处理实际账务的能力。全面了解公司业务,参与管理
		日常工作中	多交往	正确处理与领导、同事的关系,争取得到领导的信任

从晓晓的措施中我们可以看出,该措施包含时间及方法各方面因素,并有非常准确和详细的体现。这些措施完全可以支撑晓晓顺利成为一名合格的财务人员。

一、制定发展措施的重要性

再好的目标,如果没有措施的保证也只是纸上谈兵。无数事实证明,做一件大的事情,有没有科学具体的行动计划和措施,结果是大不一样的。因此想要实现目标、获得成功,就必须制定可行的措施,脚踏实地、循序渐进地实施自己的规划。这样,职业目标才能成为现实,从而使职业生涯更加绚丽。

所以一个人只有制订出科学且切合实际的计划与措施,才能一步一个脚印地向自己的职业理想迈进。

制订出计划后,还需要建立一份PPCF个人职业发展档案来保证计划的实施、完成与检验。PPCF是对个人工作经历的一种连续性的参考,其内容主要包括以下几个方面:

1. 个人情况

个人简历:包括个人的生日、出生地、部门、职务、现住址等。

文化教育:初中以上的校名、地点、入学时间,主修专业、课程,在学校负责过何种社会活动等。

学历情况:填入所有的学历、取得的时间、考试时间、课程分数等。

曾接受过的培训:曾受过何种与工作有关的培训(如在校、业余还是在职培训),以及培训的主题、形式、开始时间等。

工作经历:按顺序填写你以前工作过的单位名称、工种、工作地点等。

有成果的工作经历:写上你认为以前有成绩的工作,不要写现在的。

以前的行为管理论述:写你对工作进行的评价,以及关于行为管理的事情。

评估小结:对档案里所列的情况进行自我评估。

2. 现在的行为

现时工作情况:应填写你现在的工作岗位、岗位职责等。

现时行为管理文档:写上你现在的行为管理文档记录,可以在这里加一些注释。

现时目标行为计划:设计一个目标,同时列出和此目标有关的专业、经历等。这个目标是有时限的,要考虑到成本、时间、质量和数量。如果有什么问题,可以立刻同你的上司探讨解决。

如果你有了现时目标,它是什么?

怎样为每一个目标设定具体的期限?(此处写出你和上司谈话的主要内容。)

3. 未来的发展

职业目标:在今后的3~5年里,你准备在单位里做到什么位置。

所需要的能力、知识:为了达到你的目标,你认为应该拥有哪些新的技术、技巧、能力和经验等。

发展行动计划:为了获得这些能力、知识等,你准备采用哪些方法和实际行动。

发展行动日志:此处填写发展行动计划的具体活动安排、所选用的培训方法;其中哪一种是最好、最有效的,谁对执行这些行动负责,什么时间能完成;自学所需时间、开始的日期、取得的成果等。同时,你还要对照自己的行为和经验等,写上你从中学到了什么。

二、制定措施的三个要素

实现目标的措施主要包括三个要素:任务、标准和时间。任务还包括实施的方法,这是完成任务的前提条件。标准是衡量措施实施的依据。时间具体包括两个方面:其一是规定目标完成期限,其二是落实措施的时间进度(全部过程)。

制定的目标必须是可行的、具体的、有可操作性的。一些大而空的目标就是制定了也落实不了。标准是具体要达到什么样的目的、标尺。时间更要具体可行,长远的有这个目标完成的时间,近期的有落实某个措施的具体时间。

案例启迪

雯雯在一所职业学校学的是服装设计专业,她的目标是成为高级服装陈列师,以下是她制定的详细发展措施。

——完成学业,取得毕业证书、服装设计等级证、英语口语等级证、计算机等级证。在实践中充实自己,在实践中锻炼自己,吃苦耐劳,培养良好的职业素养,为实现目标不懈努力。

——增强理论修养,开阔眼界。因为国内没有关于服装陈列的完整理论体系,希望在实践的基础上争取到国外去开阔眼界。尽管现在资讯发达,但还是应该多看看国外的先进事例,尤其是一些著名品牌,设计师都有自己的独特见解,要在提高理论水平的基础上增强感性认识。

——成为高级服装陈列师。在实践中积累经验,在理论中提高自己,最终成为高级陈列师并能有所创造,为我国新兴领域做出更大贡献。

笔者观点

发展措施不能只有目标,还要有实现目标的方法。案例中,雯雯的发展措施中,围绕着成为高级服装设计师的目标,制定了具体实现目标的途径和方法。

三、落实近期目标的措施要有计划

措施最终要落实到每天的安排上,例如:今天怎样度过?要做几件事情?要做哪些事情?也就是说当天应该有一个具体的计划和合理的安排。而且当天最重要的事情,应在前一天做好计划(准备),只有这样才能使自己处于主动状态,进而掌握好每一天。

一

2010届毕业的计算机专业的陈斌,如今已是一家十几人的电脑公司的老板,现今才27岁,在郑州买了房子和车子。他在上学的时候就把开办自己的电脑公司作为长远目标,如今他果然成功了。看看他的经历,我们也许能悟到什么。

在学校期间:

一年级:认真学习,完成作业,参加各种活动,同时担任了班长和学生会职务。

二年级:加强专业的学习,注意素质的培养,同时获得了全国计算机职业技能考试的NIT证书。

三年级(实习阶段):参加社会各种实践活动,取得了CIW网页设计师、网络工程师的称号。

毕业以后:

2010—2012年:在洛阳电脑城做电脑销售、维修人员。

2012—2015年:某知名品牌河南洛阳电脑售后维修人员。其间获得了该品牌全国十佳员工,先负责洛阳地区售后管理工作,后调入郑州负责河南省售后管理工作。同时获得了河南农业大学计算机应用技术专业本科毕业证。

2015年至今:开办自己的电脑公司。准备考取微软认证的系统管理方向、数据库方向和开发方向的证书。同时自修了经营管理专业的部分课程。

他一步一个脚印地在职业生涯道路上攀登,对未来充满了信心和憧憬,他树立了实事求是、定位准确的职业理想,并为之付出了艰辛的努力。能够成功,也是意料之中的事情。

陈斌的每一步都与他的职业生涯目标分不开。在学生时代,他就注重知识的积累和社会能力的训练。毕业以后,他更是注重专业的学习和创业能力的培养,将创业作为自己的人生奋斗目标。他创业的成功是思想上长期准备的结果。事业的成功总是属于有思想准备的人,也属于有创业意识的人。

二

曾经有一个人给自己立了一个目标,就是在有生之年赚100万元。但是他一无技术,二不勤奋,而是幻想通过向上帝祈祷中彩票发财。于是,他每隔两天要到教堂去祈祷,而且他的祈祷词几乎每次都是同样的:"上帝啊!请念在我多年来敬畏你的分上,让我中一次彩票吧!"但是,每一次上帝都没有满足他的愿望。就在他濒临绝望的时候,上帝出现了,并对他说:"老兄,我实在没办法帮你,最起码你要去买一张彩票吧!"

笔者观点

制定目标要切合实际,不切实际的目标只能是空想;一个人在确定了目标后,行动便成了关键的环节。

四、创建职业生涯规划书

(一) 封面
署上作者、作品名称和年月日,可以在封面插入图片和格言。

(二) 扉页
个人资料包括真实姓名、性别、年龄、籍贯、身份证号码、所在学校、班级及专业、学号、联系地址、邮编、联系电话、E-mail 等。

(三) 目录
目录要列出正文出现的所有板块,详细到二级标题。

(四) 正文

1. 总论(引言)

对规划书的整体内容做一个总括的介绍。

2. 自我分析

结合相关的人才测评报告对自己进行全方位、多角度的分析。

(1) 职业兴趣——喜欢做什么。

(2) 职业能力——能够做什么。

(3) 职业性格——适合做什么。

(4) 职业价值观——最看重什么。

(5) 自我分析小结。

3. 环境分析

参考人才素质测评报告建议,对影响职业选择的相关外部环境进行较为系统的分析。

(1) 家庭环境分析:经济状况、家人期望、家族文化等对本人的影响。

(2) 学校环境分析:学校特色、专业学习、实践经验等。

(3) 社会环境分析:就业形势、就业政策、竞争对手等。

(4) 职业环境分析:

①行业分析。从事的行业现状及发展趋势、人业匹配情况。

②职业分析。从事的职业的工作内容、工作要求、发展前景、人岗匹配分析。

③单位分析。所在单位的发展前景、组织机构等。

④地域分析。工作单位所在城市的文化特点、气候水土、人际关系等。

(5) 职业生涯条件分析小结。

4. 职业目标定位及其分解组合

(1) 职业目标的确定。

综合第一部分(自我分析)及第二部分(职业生涯条件分析)的主要内容,运用职业生涯决策平衡表,确定职业目标。

结论:职业目标——将来从事什么行业、什么职业。

职业发展策略——进入什么类型的组织(到什么地区发展)。

职业发展路径——走专家路线(管理路线等)。

(2) 对本人职业定位进行 SWOT 分析(见表 4-4)。

表 4-4 SWOT 分析表

内部环境因素	优势分析(S)	弱势分析(W)
外部环境因素	机会因素(O)	威胁因素(T)
分析		

根据 SWOT 分析结果确定行动计划。

(3) 职业目标的分解与组合。

把职业目标分成三个规划期,即近期规划、中期规划和远期规划,并对各个规划期及其要实现的目标进行分解。

5. 评估调整

职业生涯规划是一个动态的过程,必须根据实施结果的情况以及变化情况进行及时的评估与修正。

(1) 评估的内容。

职业目标评估:是否需要重新选择职业?

职业路径评估:是否需要调整发展方向?

实施策略评估:是否需要改变行动策略?

其他因素评估:身体、家庭、经济状况,以及机遇、意外情况的及时评估。

(2) 评估的时间:在一般情况下,定期(半年或一年)评估规划。当出现特殊情况时,要随时评估并进行相应的调整。

(3) 规划调整的原则:因时而动、随机应变。

6. 结束语

对规划书做总结。主要写出自己完成职业生涯规划书后的感觉,以及表明自己能够完成规划所确定的目标的决心和信心。

SWOT 分析法是一种企业战略分析方法,即根据企业自身的既定内在条件进行分析,找出企业的优势、劣势及核心竞争力之所在。S 代表 strength(优势),W 代表 weakness(劣势),O 代表 opportunity(机会),T 代表 threat(威胁)。其中,S、W 是内部因素,O、T 是外部因素。按照企业竞争战略的完整概念,战略应是一个企业"能够做的"(即组织的强项和弱项)和"可能做的"(即环境的机会和威胁)之间的有机组合。

SWOT 分析法对个人职业生涯的分析也是一种有用的工具。进行个人 SWOT 分析,包括严格地审视你个人的长处和短处,然后评估你感兴趣的各种职业生涯道路的机会和威胁。

步骤 1:评估你个人的长处和短处。我们所有的人都具有某种特殊的技能、才能和能力,我们都喜欢做某些事,不喜欢做另一些事。例如,有些人不喜欢整天坐在桌子旁,而有些人在与生人打招呼时感到紧张。列出你喜欢的活动和擅长的事情,然后识别你不喜欢的事情和你不擅长的方面。认识到你的短处,要么试图改正它,要么在职业生涯中避开它。列出你个人的长处和短处,并标出那些你认为特别重要的特质。

步骤2:识别职业生涯的机会和威胁。我们通过学习了解到,不同的产业面临着不同的机会和威胁,重要的是识别这些外部因素,因为你选择的职位和未来的职业生涯将会受到这些机会和威胁的重要影响。一个处于衰退产业中的公司是很少有可能提供职业生涯成长机会的;另一方面,身处前景光明的产业中,你的工作前景也将是光明的。列出一个你最感兴趣的产业(职业方向),批判性地提出这个产业所面临的机会和威胁。

步骤3:描绘未来5年职业生涯的目标,进行你的SWOT评估。列出4~5个在未来5年中你要实现的目标,这些目标可能包括你在毕业后找到一份称心的工作,你打算管理多少个下属,或者你希望的工资水平达到多高,等等。记住,理想的情况是,你应当使你的优势与所在产业的机会相吻合。

步骤4:描绘未来5年职业生涯的行动计划。现在到了你的计划现实化的时候了,写出实现你生涯目标的具体行动计划,确切地描述你在什么时候应该做什么。例如,你的SWOT分析可能表明,为了实现你期望的职业生涯目标,你需要选择更多的管理课程,你职业生涯的行动计划应当表明,你什么时候选修这些课程。你职业生涯的具体行动计划将为你未来的决定提供指南,正如组织的计划为管理者的决策提供指南一样。

【职业思考】

1. 走访实践。

主要内容:你可以在校园内或者学校周边对一些职业人进行走访调查。

调查目的:调查过程中收集他们所从事的职业及其所在的行业中的职业道德规范,了解遵循这些规范对职业生涯发展的作用及意义。

成果分享:试着归纳有关要求。在自己的发展措施中,补充关于养成良好的职业道德行为习惯的内容,并以此规范自己的行为。

2. 能力拓展。

(1) 请用简洁的文字填写表4-5。

表4-5 近期目标措施表

我的近期目标:

项　　目	标　　准	时　　间	措　　施
专业知识			
职业资格			
行为品德			
社会能力			
自身优势			

(2) 和同学、本专业的学长学姐讨论还应该增加什么项目。

(3) 在班级里交流自己的近期目标的措施,听听其他同学的,可以根据实际修改自己的措施。

（4）征求家长、老师的意见，争取得到他们的帮助和指导。

（5）和同桌或者舍友结成互帮对子，在学习上相互督促措施的落实。

辅导员或者老师带领学生到企业进行体验调查、采访，了解将来从事的职业及其所在行业的职业道德规范，了解职业道德规范对个人职业生涯发展的作用，补充完善学过的关于职业道德行为习惯方面的内容。

第五章
就业准备与求职技巧

JIUYE ZHUNBEI YU
QIUZHI JIQIAO

脱颖而出

（剧照）

西汉武帝初即位，朝廷面向全国公开招聘"公务员"，各地儒生踊跃报名，四方士子数以千计赶往首都长安，八仙过海，施展才华，妙笔撰写"求职自荐书"，当时称作"自炫鬻者"。其中，绝大多数人的求职信尚未到皇帝御案，即以"辄报闻罢"——你的"求职书"天子已过目，谢谢参与，请回吧！——打发走了。

东方朔，山东德州人。

东方朔也参加了这次全国性的"大招聘"，也写了一份"求职自荐书"，天子不仅亲自阅读了，还夸奖了东方朔，并立即安排他留在公车署中，等待委以重任。

为何东方朔的"求职信"能引起皇帝的格外重视？他的"求职信"什么地方与众不同呢？

先从形式上看看。

一是他的"信"篇幅长。二是他敢"自吹"。东方朔的"求职信"写了三千多张竹简，要两位大汉抬着，才能呈现到汉武帝面前；皇帝通读一遍他这封"信"，整整花了两个月的时间。自吹好理解，就是毫不掩饰地自我表扬，自我肯定，自我欣赏。东方朔虽然是异乡人初到京城，又是向天子自荐，他没有像其他儒生那样言语谨慎收敛，而是独辟蹊径，放开胆子"吹嘘"自己。我好读书，我善习武，我长得高大英俊，我人品举世无双！正是他的这种狂，引起了皇帝的特别注意。

再来仔细从内容上品味一下。

信的开头，先讲身世，这是博取同情分必不可少的一招。东方朔写道："臣朔少失父母，长养兄嫂。"（我少年未成即失去双亲，由哥嫂带大）。当今荧屏上选秀节目里动辄痛说家史泪水涟涟以吸引眼球的招数，莫非便发端于东方朔？

困厄环境下的奋争，方显此人之不凡。所以东方朔接着写道：在孤苦无依朝不保夕的生活处境里，"年十三学书，三冬文史足用。十五学击剑。十六学《诗》《书》，诵二十二万言。十九学孙吴兵法，战阵之具，钲鼓之教，亦诵二十二万言"。

我十三岁开始读书，利用冬闲时间便掌握了全部文秘知识技能；十五岁学击剑，十六岁读《诗经》《尚书》，能熟背二十二万字的文章；十九岁学习孙子、吴起两大军事家的兵法著作，熟悉排兵布阵，二十二万字的兵法内容，我倒背如流。

圣上不妨再看看我的相貌,"长九尺三寸,目若悬珠,齿若编贝"。我身高九尺三寸,眼睛像两颗珍珠挂在脸上,牙齿如同成串的贝壳整齐洁白。

"勇若孟贲,捷若庆忌,廉若鲍叔,信若尾生。"高大英俊只是其表,我更具有过人的意志品质和崇高的道德修养,勇猛不差孟贲——战国卫国猛士,敏捷不让庆忌——春秋吴国武士,清廉可比鲍叔——春秋齐国大夫,诚信赛过尾生——战国信义之士。

最后东方朔放话:"若此,可以为天子大臣矣。"像我这样优秀的人才,正是天子所需要的朝中栋梁之材呀!

按照一般规律,东方朔这种超级自负的年轻人,成熟练达的老臣会认为他过于狂妄,不宜录用。可这一回偏偏就让东方朔给赌赢了,偏偏皇帝就喜欢他身上这股子桀骜不驯的勃勃生气。"上伟之,令待诏公车。"汉武帝阅罢信,觉得这个年轻人有个性、有学识,留用。

本章导图

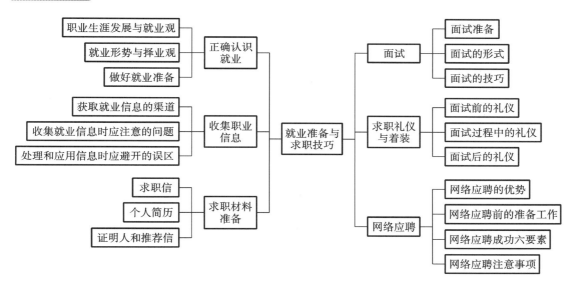

第一节 正确认识就业

案例导引

毕业于北京汽车工业学校的王大力,是一名普通的中专生,现就职于北京现代工业集团。他以实习生的身份初到现代工业集团的时候,正赶上企业刚刚步入生产,工作繁重。同样是一起分配去的,有的人却受不了苦,没过多久就辞职不干了,而他硬是坚持了下来。每当遇到不懂的问题,他总是虚心地向身边的师傅们请教,每次请教完总是反复地琢磨,反复地操作,直到弄得非常精通为止,常常等他解决完一个问题后,车间里就只剩他一个人了。就这样,他凭着自己的耐力与毅力以及过硬的技术和自身的品质,渡过了艰难期,同时得到前辈们的赏识,让他成为实习生当中唯一由九个师傅指导的人。就这样,仅两年的时间他就提前出师了,在下线的伊兰特汽车当中平均每十辆中就有一辆检验"B"标的背面印有他的名字。如今,王大力也为人师了。他的成功告诉我们:中专生术有专攻,学有所长,只要努力,就会成功。

美国著名出版家和作家阿尔伯特·哈伯德曾经说过:"所有正当合法的工作都是值得尊敬的,只要你诚实地劳动和创造,没有人能够贬低你的价值,关键在于你如何看待自己的工作。"他说:"天生我材必有用,懒懒散散只会给我们带来巨大的不幸。"因此,良好的就业心态是实现一个人职业生涯发展目标的条件。职业是人志向的表示、理想的所在,了解一个人工作的态度就是了解那个人。工作没有贵贱之分,但工作的态度却有好坏之分。

一、职业生涯发展与就业观

1. 就业观

一个人职业生涯的发展是受个人志向、个人条件、外部环境等各种因素制约的。个人志向包括人生观、价值观、成就意愿、兴趣等;个人条件包括性格、智商、情商、能力、知识等;外部环境包括社会环境、组织环境、家庭环境、人际关系等。每个人的环境状况与理想之间都存在着多种可供选择的路径:可选择不同行业,同行业还可选择不同企业,同企业还可选择不同职位。正是由于这个原因,当一个人的自身条件或外界环境发生改变时,自己的理想目标都要相应地改变。中职毕业生为达到顺利就业的目的,必须先衡量自己综合素质的高低、专业知识的多少、实际操作能力的强弱,然后再根据自身条件去对照,弄清楚自己适合干什么工作后再去选择,这就是所谓正确的就业观。

中职生在就业过程中应树立5个基本观念。

1) 不唯"专业论"

不唯"专业论"的就业观念符合与时俱进的理念,第一次就业的时候,可能专业不对口,但所积累的工作方法和社会经验应该说是一种能力的积累。社会能力又是情商的重要组成部分,在今后的就业中,智商助我们入门,情商助我们成功。

2) 能力是高薪的标准线

如今,学历不再是划定薪酬的唯一标准,能力才是最主要的。一味盯着高薪企业而放弃许多应聘的机会或许是一种错误的选择。是否能学以致用,在现实中将新学的东西转化成能力,成为薪酬的另一重要的标准线。所以本科生的薪水不一定会比专科生甚至中专生的高是很正常的。

3) 长远发展的就业观

刚走出校门的学生都应当有个资本积累的过程,靠父母养了多年,应该有一个回报的愿望。因此,首次求职,应从一个综合角度去衡量,不要一味盯着高薪,可以先就业,再寻找机会找到适合自己的发展点,即所谓"先就业,后择业;先谋生,后发展"。

4) 积极参与,竞争就业

竞争是综合实力的较量,是每个毕业生思想品德素质、知识结构、心理素质等各个方面公平、公正、公开的比较。对于每个中职生来说,在竞争面前既要凭自己的竞争实力得到用人单位的肯定,又要诚实守信,反对弄虚作假,以良好的心态接受失败的心理挑战。

5）创业是最好的就业

毫不夸张地说，创业是最高层次的就业，特别是针对每位学有专长的中职生来说更是如此。国家鼓励中职生走自主创业之路，机遇在向每位有志青年招手，有真才实学和远大志向的青年要抓住机遇，敢于走创业之路，通过创业完成就业。

2．树立正确的就业观

1）正确认识自己，主动适应社会

每个人都希望自己能找到称心如意的工作，这是人之常情，无可厚非，但要真正实现自己的愿望就必须正确地、客观地认识和评价自己，树立正确的就业观。许多人常常过多地考虑自己想从事什么职业，愿意干什么工作，而很少了解社会需求，很少去想自己能干什么，未能全面地审视自己，因而使自己陷入就业期望值过高的误区。有些人选择企业时极力追捧大企、名企、外企，结果实力不够，死拼硬冲，最终碰得头破血流，仍不能如愿。

2）认清就业形势，做好就业准备

我们要随时了解国家的就业形势，正确客观地认识自己，做好就业的一切准备。在学校认真学习，提高素质，是将来我们成功就业和乐业的必由之路。在学校期间，还应积极掌握专业技能，为自己的就业铺平道路。

3）信心是成功的第一要诀

在竞争如此激烈的今天，就业难是必然的。书没读好，技不如人就灰心丧气、甘拜下风、自卑退缩，会给日后的工作带来不良的影响。信心代表一个人在事业中的精神状态和对工作的热忱以及对自己能力的正确认知。有信心，求职应聘就会心中有底；有冲劲，就会给自己带来勇气和力量，也会给用人单位留下良好的印象。

如何树立自信心呢？中职生应把握以下几点。

（1）我行，我是最棒的。要相信自己的能力，相信自己能够胜任所应聘的工作。

（2）张扬优势，避开劣势。为了使你在就业的竞争中占据优势，就必须扬长避短，尽量发挥自己的优势，避开自己的不足。

（3）消除依赖心理。自信就是自己要有主见，不能人云亦云，消除依赖心理。要相信自己的判断，一旦明确了自己的特点、自己适合做什么样的工作，就必须果断做出决断，不要盲目听信别人的褒贬，这样就能够比较顺利地找到合适的单位，并适应单位的需要和发展。

（4）要有一腔饱满的热情。去温暖别人，去打动面试考官的心扉。把自己热爱生活、热爱事业的情怀展现出来，得到对方的认可。

（5）要有良好的心理素质。许多人就是由于心理素质差，不敢与人交往，一见生人或领导，常常显得惊慌失措，手忙脚乱，心里一片空白。久而久之，自己会变得越来越孤僻，使人难以接触，当然自己也难以接近别人。因此，我们必须怀着良好的心态主动与别人交往，使自己自信起来。

4）珍惜就业机会，不能轻言放弃

有位成功人士曾说，小时候外婆给她讲了这样一个故事："一个仆人被主人解雇了，和女主人结完账，在拎着包裹悲哀地走出门时看到一个扫把倒在地上，就本能地扶起来放好。女主人看见后大为感动，马上又把她留了下来。"这一故事对她的触动很大，人不管什么情况下都应认真做事，踏实做人，不计较一时得失。正是凭着这样的信念，她在职场中闯出了自己的一片天地。我们有的人常常因期望值过高，不愿意干脏活、累活，不珍惜就业机会，动不动就草率放弃或轻易跳槽,长此以往,一事无成,到头来只能两手空空,浪费了自己的青春。

二、就业形势与择业观

1. 择业准备

1) 培养良好的职业素质

思想品德和职业道德素质是保证职业成功的必需素质。

科学文化素质是职业素质的核心。

技术技能素质决定着就业者在岗位发挥作用的程度。

良好的心理素质是竞争中取胜的必备因素。

职业素质是从事专门工作的人自身所具备的条件。

2) 保持良好的竞争心态、树立风险观念

要参与竞争,挫折就在所难免。对于求职的中职生来说,要注意提高心理承受能力,一旦遭受求职失败的挫折,应把挫折当作一种精神财富,保持良好的竞争心态,从失败的阴影中及时摆脱出来,调整择业目标,争取新的机会。

3) 注意培养兴趣、能力

在走上岗位之前,有意识地培养兴趣、能力是非常必要的。从现代社会对人才的需要来看,只有日新月异的知识更新与职业技能的提高,没有终身不变的职业技能。

4) 树立先就业后择业的观念

没有终身不变的职业,一步到位、从一而终的就业观念早已过时。毕业生大可不必一次就急于端上"铁饭碗",要树立不断进取的职业流动观念。

5) 及时收集就业信息

我们要从国家和地方、劳动部门、毕业生升学就业指导部门、网站、媒体广告甚至熟人、亲戚等方面获得有关就业的政策信息,或者直接与用人单位联系,全面了解就业发展动态,结合自身实际慎重做出选择。

6) 在艰苦中锻炼,在实践中成才

中职生应该明白:要跟大学生比学识,与农民工比吃苦,会处于劣势,但中职生有技能,可塑性强,若能把技能与吃苦耐劳的精神完美结合,那么你定能成才。

7) 熟悉有关的法律法规

有关的法律法规主要有劳动合同制度、劳动保护制度、社会保险制度、劳动者的权利和义务等。

2. 错误的择业观念

面对就业竞争的压力,中职生难免会有一些不切合实际的择业心态,主要有如下几种。

(1) 好高骛远型。好高骛远型指总期盼选择社会上要求较高的职业,而自己的能力又相对较低的择业观念。

(2) 追求热门型。追求热门型主要表现为总选社会上求职人员比较集中、数量较大的职业,而不愿意选择求职人数少而分散的职业。

(3) 盲目上阵型。盲目上阵型是指一旦有了面试机会而根本不去了解岗位要求,不分青红皂白就盲目参加面试的行为。

(4) 偏好大城市型。偏好大城市型主要是指毕业生选择职业时,不愿意到小城市或者偏远地区工作,而只选大城市。

（5）偏好大企业型。偏好大企业型是指毕业生选择职业时，过于强调用人单位的性质、大小，只选取国有的、大型的、外资的，而对其他因素考虑较少。

（6）偏好一劳永逸型。偏好一劳永逸型主要是指求职者在选择职业时，不顾市场经济下用人制度的特征，选一个单位就期望能够干一辈子。

（7）固执于专业对口型。固执于专业对口型是指毕业生在选择职业时一味强调专业对口，非本专业不选择。

从来没有一种工作叫钱多、事少、离家近

何经华

这个世界从来没有任何一件工作叫"钱多、事少、离家近"，人生"有知有力"的三个十年，需要扎扎实实地靠自己。

20多岁是一个让人迷茫的年纪。20多岁的史玉柱在浙大学数学，20多岁的马云四处碰壁，20多岁的王江民因小儿麻痹而一无所有，20多岁的王石在大戈壁上当汽车兵。后来，他们都成功了。

人生有三个阶段，第一个阶段是你"无知无力"，就是你知识不是很丰富，身体也没长好的时候，那时候你是小孩子，还在念书。第三个阶段是"有知无力"，你积累了很多知识经验，可是你年纪大了，老了做不动了。中间三十年，是你"有知有力"的三个十年。第一个十年你应该要投资自己。什么叫投资自己？你有没有花很长一段时间，就像我们练功夫一样，先把马步练好？第一个十年你不要追求工资。

在第一个十年，大家工资水平是没有太大差异的，你的同学也许比你一年升个什么组长、什么经理，那也不重要。最重要的是你在第一个十年里要扎扎实实地投资自己。

你从学校毕业后领的第一笔钱，到你退休后领的最后一笔钱，总共加起来就是你能挣多少钱。

到第二个十年，你可能也结婚了，可能有个孩子，如果干得还不错，你能干到一个部门经理，你的收入勉勉强强还能支撑一个家庭。但是你还是不满足，你上餐厅点菜的时候，你还做不到把价钱盖起来，爱点什么点什么。第二个十年你要学第二个东西，叫技巧，做事的技巧，待人处事的技巧，处理复杂事物的技巧。前面两个十年如果你走得很扎实，你才有可能走到第三个十年。

第三个十年才是你财富积累的开始，那个时候你的收入会远大于你的生活所需，人生的财富从第三个十年开始计算。

可是很不幸，绝大部分人走不到第三个十年。即使都是同一所学校、同一个科系毕业的，上课的时候坐在你旁边的同学，多年之后的发展也可能有很大的差异。

这个世界从来没有任何一件工作叫"钱多、事少、离家近"。

我也不是学校毕业第一天就干老总的，我刚开始干的是马路上的基层销售人员。我当时在美国干销售，只要太阳还没有下山，外面还是白天，我一定在外面跑。跑客户，找商机，做事情。等太阳下山了，客户下班了，我回办公室做几件事。第一件事是把我今天一天跑下来的东西做一个总结，第二件事就是把我明天要去拜访的客户再做个总结和准备。常常等我一抬头的时候已经深夜两点了,我忽然想起我好像还没吃晚饭,我忽然想起我好久没上厕所了。

(注:何经华,IT界"打工皇帝",曾担任赛贝斯软件主要客户总监、甲骨文美国东岸技术销售总监、甲骨文台湾分公司总经理、用友软件首席执行官、希柏软件全球副总裁兼大中华区及东亚区总裁、金蝶国际软件行政总裁、新一佳CEO、柯莱特集团CEO等职位。)

笔者观点

择业观念是一个人三观的体现,择业观念的正确与否,可以决定一个人的整个职业生涯成功与否。"打工皇帝"何经华的职业经历清晰地告诉我们,有正确的择业观指导的职业生涯,不管经历多少曲折,最终都会走向成功。我们中职生就业前,首先要端正择业观。只有端正观念,才能走出正确的第一步,并沿着正确的道路走下去。

三、做好就业准备

1. 就业前应做好的心理准备

中职生在就业前,一般情况下,应该做好四个方面的心理准备:

(1) 做好角色转换的心理准备。要正确地选择职业,就必须及时转换角色,摆正自己的位置,客观、冷静地进入求职状态,尽快地适应一个现实的社会求职者的角色,实事求是地面对就业的现实,学会主动推销自己,并以自身的实力积极主动地去适应社会的需要。

(2) 正确认识自我。正确认识自我包括对自己心理素质的正确认识。全面衡量、正确地认识自己的心理特点、兴趣爱好、能力特长、生理特征,用现实的态度来看待自己,才有可能在求职时扬长避短,从而避免盲目求职或期待过高、好高骛远给自己带来的心理上的伤害。

(3) 提高自己的心理承受能力,做好正确面对挫折和失败的心理准备。在求职择业过程中遇到挫折是正常的,产生恐惧的心态也很正常,关键是切不可因此而自卑,丧失信心,失去开拓新生活的勇气。

(4) 做好提高自己社会交往能力、应变能力、理论与实践相结合的能力、自学能力、获取和利用信息的能力的心理准备。

知识链接

"统一"公司要求员工有吃苦精神以及脚踏实地的作风,凡来公司应聘者,公司都会先给他一个拖把叫他去打扫厕所,不接受此项工作或只把表面洗干净者均不录用。他们认为一切利润都是从艰苦劳动中得来的,不敬业就是隐藏在公司内部的"敌人"。

"统一"公司招人的方式说明,由"学校人"到"职业人"的转变主要是要求我们观念的变化要跟上。大多数人缺乏干活的意识,假若没人盯着,杂事就不想做。许多用人单位都喜欢用敬业型和创业型的人才,而越是敬业、创业则越要求什么活都要去干,当然包括扫地、扫厕所之类的事,千万不要认为扫地、扫厕所与你无关。中职生在从学校走向社会,由学生角色向职业角色转变的关键时期,应以积极正确的态度,适应这一全新的变化。

2. 做好角色转换准备

1) 心理准备

事业的成功总是属于有思想准备的人的。过硬的知识技能对成功固然重要,但充分的心理准备也是非常必要的。胜不骄、败不馁、心态平和、沉着自然这都是必需的；不习惯、不适应、无依赖这都是可能的。人生之路不可能总是一路顺风，沟沟坎坎、大风大浪在所难免。在学校，我们靠老师；在家里，我们靠父母；走向社会，只能靠自己。只有具备处变不惊的良好心理素质和愈挫愈强的顽强意志，才能在今后的道路上自强不息、努力进取、顽强拼搏，干出属于自己的一番事业。

2）适应角色变化

第一次踏上工作岗位，你所面对的一切都是全新的，甚至陌生的。同事之间、上下级之间、舍友之间的关系处理，吃喝拉撒睡的生活问题处理，工作中顺境和逆境之后的情绪处理，这些都必须依靠自身独立解决，逐渐适应。为此，你必须要尽快熟悉生活环境，尽快熟悉企业文化。工作中要吃苦耐劳、虚心学习、端正态度、服从指挥、遵守纪律，以健康的心态度过适应期，成为真正独立的社会人。

3）排除杂念，持之以恒

从"学校人"到"职业人"的角色转换往往不是一种自觉的行为，常常伴随着角色冲突。有些人往往不知道工作从何入手，瞻前顾后，缩手缩脚，怕出问题，结果工作久久打不开局面；有些人因工作遇到困难而丧失信心、失去兴趣，却又瞧不起单调枯燥的工作；还有些人轻视劳动、眼高手低，表现出自傲和浮躁情绪，一时静不下心来，不能持之以恒，迟迟进不了角色，无法融入工作中。每位毕业生都必须在角色转换中未雨绸缪，提前做好准备，避免受到杂念的干扰，尽快完成角色转换。

中职生就业要克服几种心理误区

1. 就业期望值过高

在薪资待遇方面：很多中职生初次就业月工资要求不低于 1000 元。在工作环境方面：很多学生希望在恒温无尘的环境下工作，甚至要求在办公室工作。在行业选择方面：很多学生趋向于选择 IT、通信电子类企业。在公司规模方面：很多学生趋向于选择大型国企、大型跨国公司与行业内著名企业。这些要求与中职生自身的综合能力相比，明显属于就业期望值过高。

2. 就业随意性心理

很多学生对自己的就业目标、职业兴趣、跳槽（辞职）原因、职业选择等缺乏明确认识。

3. 缺乏前瞻性就业意识

前瞻性就业意识就是能在就业中确立长远的眼光，善于发现在职业中隐藏的发展潜力。许多学生愿意选择已处成熟期的企业，愿意做大企业的员工，不愿意选择处于上升期的企业。实际上，上升期的企业的员工、中小企业的基层管理者更有发展的机会。

4. 就业被动性心理

在实现就业这一问题上，相当多的中职生存在着严重的依赖心理，表现出过多的不作为。主要依赖学校推荐就业，父母亲朋找关系实现就业。相反，靠自己在就业市场上通过努力实现就业的较少。

5. 就业自卑心理

学生的就业自卑心理主要存在于两个方面：一是低学历，使自身在就业竞争中处于劣势；二是在外地就业的情况下,外地劳动力与本地劳动力存在的事实差距易使外地劳动力产生自卑心理。

6. 主动建立和谐人际关系的意识不足

主动融入心理差,特别是主动融入当地人的社会生活圈的心理差,很多学生固守自己的生活圈、人际圈,而没有想到拓宽的必要性;不知道和自己的直接上司融洽关系,很多学生认为组长(线长、部门领导)是绿豆大的官,自己凭什么要服从他,从而导致彼此关系紧张;过于以自我为中心,缺乏大局意识、团队精神。

7. 怕苦畏难心理

很多学生在校期间就缺乏吃苦精神,不能刻苦学习专业知识,未能为未来就业做好理论准备。在工作中缺乏创新意识,不愿意出差、加班,不能独自克服在外地工作时生活上的不方便等。

8. 缺乏创业意识

中职生在谈到通过自主创业实现有效就业时,往往过多强调创业在资金、技术、人才、社会背景等方面的困难。有的认为自己不是那块材料,创业对自己来说过于遥远,很少有学生表现出强烈的创业愿望。

【职业思考】

一名学生几经求职波折,沮丧地对老师说:"我对工作的要求并不高,只是想多挣点钱,我家里实在是太穷,太需要钱了!工作只要与专业对口、稳定、轻松一点就行,至于住宿嘛,不超过4个人,有空调我就去干。"老师神态严肃地回答:"要是有这样的工作,我也想去干,只是目前实在是无能为力。"在求职场上,像符合以上这名求职学生所要求的特征的工作实在是很难找到,那么,如何去做才是正确的呢?

第二节 收集职业信息

小董是计算机专业的毕业生,现在上海某外资公司工作,当年她在求职过程中,非常重视就业信息的收集和整理,并因此受益匪浅。下面是她写下的感想和体会:

母校是一所办学多年的学校,每年毕业的学子分布在各行各业。于是,师兄师姐的经历就成了宝贵的信息参考:面试的技巧、工作后的感受与心得等。这些"过来人"的经验之谈,比大公司招聘过程中的介绍更富于细节性、实在性,往往会同时呈现一项工作的优劣两面。我有一位学长,在某会计师事务所工作了4年多,赴英国培训之前,很中肯地对我说:"做这一行,有很多机会接触不同的行业、不同的人,你可以不断地学习,不断地进步。然而,与机遇同时而来的,是疲劳、辛苦和超时的工作。"这段话给我的教益是,任何一项工作都有它的所长所短。在关注它耀眼之处的同时,也要兼顾它不如意的地方。从一年级开始,学校就经常举行与学长们的座谈会,一年级讲如何适应角色转换,二年级的话题就是怎样面对就业、面对社会。我从中受益匪浅。

学校开设了"就业指导"课。老师们用心良苦,请了相关领导讲当年的就业政策,请了就业指导的专家谈如何有效利用就业信息,还请了咨询公司的资深顾问评论什么是世界级的人才。这一系列的讲座以其极大的信息量,吸引了许多学生。随后,我们又参观了一些公司,于是,对他们的工作环境有了直观的认识。参加校园招聘会是全面了解一家企业的好机会。在这里,有关企业的历史、经营状况、招聘计划、选择标准等等均一目了然。其实,在我看来,对就业信息的收集,可以是时时刻刻做的。即便当我已经坐在面试官的面前时,我仍然觉得我有了一个很好的机会去了解某方面的信息。在每次面试结束之前,基本上都有一个提问的机会,我经常问的问题是:"您能否告诉我一些关于贵企业对于新员工的培训计划方面的信息?"因为我在选择就业单位的时候,比较注重的一条就是企业是否具有完善的培养计划。相对于薪资等条件,我更看重自身未来的发展与提高。

本案例中的小董,以校友的身份向我们介绍了她自己收集和处理信息的经验,对广大中职生来说,应该是很有实用价值和借鉴意义的。最重要的是,她使我们看到,收集就业信息的方法是丰富多样的,不仅有众人通常可以想到的途径,还可以另辟蹊径。社会活动、暑期实践、毕业实习、师兄师姐们的经验、就业指导课程、校园招聘会,甚至在紧张的面试时刻,都是收集信息的好机会。

一、获取就业信息的渠道

获取就业信息要通过一定的信息渠道。信息渠道越多,信息的数量就越多,就业的选择余地就越大;信息渠道越可靠,信息的可信度就越高,职业选择的效果也就越好。就业信息渠道一般包括以下五个。

1. 通过学校获得

可以通过学校举办的招聘会获取就业信息,这些招聘会往往具有时间集中、信息量大、专业对口、针对性强、双方了解更直接的特点,是了解信息、成功择业的好机会。也可以通过学校就业主管部门获得信息。就业主管部门通常与各用人单位保持着密切联系,社会需求信息也在这里汇集。学校就业主管部门会向学生及时发布有关需求信息,进行就业指导,让学生了解当年有关就业的政策规定,学生也可就有关问题进行咨询。

2. 通过就业指导机构获得

学生可以通过各地成立的就业指导机构获取就业信息,这些机构与毕业生和用人单位交流信息,提供咨询服务。

3. 通过人才市场获得

各地方或用人单位举办的规模不等、形式多样的"双向选择""供需见面"活动或招聘会,为学生们提供了锻炼面试技能的机会,学生可以从人才市场了解到许多种类不同的机构和职位。

4. 通过新闻媒体获得

广播、电视、报纸、杂志及网络在每年毕业生就业之际都会刊登许多就业指导信息及招聘信息,这些信息从不同侧面反映了当年学生就业的需求情况。

5. 通过社会关系网获得

在寻找就业信息的时候，身边的家人、朋友、老师也能提供很多机会。而大多数公司更愿意聘用经人推荐介绍来的求职者，他们认为这样录用进来的人更加可靠。

 知识链接

一则比较好的就业信息（招聘广告）应包含下列要素。

（1）工作单位全称并指明单位性质及上级主管部门。

（2）工作单位的发展实力及远景规划，在整个行业中的排名或在整个社会经济结构中的地位。

（3）对从业者年龄、身高、相貌、体力等生理方面的要求。

（4）对从业者政治思想、道德品质、工作态度等方面的要求。

（5）对从业者学历及学业成绩的要求。

（6）对从业者职业技能和其他才能的特殊要求。

（7）对从业者的职业兴趣、职业能力、职业气质等职业心理特点方面的要求。

（8）工作时间：工作时间的长短、三班制或长日班。

（9）工作地点：工作单位的地址及附近的交通线路。

（10）工作环境：如室内、户外、冷、热、潮湿、噪声、高空、低洼等。

（11）个人收入及福利条件：每月薪资水平、薪资的计算方法、办理何种保险及其他相关的福利条件。

（12）工作前途：此工作晋升、进修培训的可能性和周期性。

二、收集就业信息时应注意的问题

毕业生要成功地实现就业，不仅取决于个人的学业成绩、能力水平、综合素质及社会对人才的需求等因素，还与毕业生能否及时有效地获取就业信息密切相关。搜集就业信息是必要的，但更重要的是对广泛搜集来的信息进行归纳整理、分析和判断，择优而行。

 知识链接

识别虚假招聘信息

（1）将岗位头衔"美容"的招聘。

卖保险的喊成"财务规划师"或"理财顾问"，销售英语软件的美其名曰"语言教育顾问"，最有杀伤力也最具隐蔽性、欺骗性的是"储备干部"头衔，吸引了无数应届大学生竞折腰。之所以这样做，主要是因为岗位工作内容或岗位薪酬缺乏吸引力，用"美名"可以诱骗到一些单纯的廉价劳动力。

（2）除了"董事长"和"总经理"，公司内的其他岗位都可以"奉献"出来招聘。

这种招聘其实是为了壮大声势，本来只有几个岗位空缺，但为了显示自己"财大气粗"，就把所能想到的岗位都添上去。

（3）岗位薪酬不说月薪说年薪。

或者月薪模模糊糊说一个大范围，"月/年薪"前边还加有"××者"定语。"优秀者"和"努

力者"是常用的前缀定语,岗位多数是销售岗位,如证券公司或黄页公司采用电话营销的销售岗位。应聘前自己要掂量好,这可是一个大浪淘沙的岗位。据了解,迫于找不到工作而选择这种工作的人,99%会在三个月内因为业绩不好拿不到糊口钱而自动离职。

三、处理和应用就业信息时应避开的误区

1. 从众行为

缺乏主见,人云亦云,别人说哪里好就往哪里跑,别人往哪里走就往哪里凑。

2. 轻信行为

一味盲从,认为亲友告诉的信息就一定可靠,报刊上的信息就百分之百准确,因而未经筛选就做选择。

3. 模棱两可

陷入大量信息的漩涡中不能自拔,在眼花缭乱的信息面前,左思右想,犹犹豫豫,拿不定主意,其结果只能是"竹篮打水一场空"。

4. 急于求成

有的毕业生由于缺乏社会经验,真正到了人才市场,就心慌意乱。有的自感择业条件不如人,一旦抓住信息,不经深思熟虑,就匆忙做决定。有的不慎重,在没有广泛收集信息时便做决定。

信 息 陷 阱

1. 骗财类信息陷阱

这是最为常见的信息陷阱。一些单位或个人打着招聘的旗号,收取高额报名费、介绍费、培训费、考试费、体检费、服装费、上岗押金等,或者要求必须购买一定数量的产品,他们还经常扣押求职者的身份证、毕业证等,以便日后进行要挟。骗子往往采用以下几种方式进行欺诈:

(1)黑心中介陷阱。中介公司本来没有代理什么较好的工作岗位,甚至根本就没有工作岗位,但是为了骗取职业介绍费等,竟从报纸或网络上抄袭一些招聘信息来欺骗求职者。

(2)没人及格的考试陷阱。有些单位借招工考试之名,行收取考试费之实,就算你全答对了,还是不会及格的,考试费也就拿不回了。

(3)子虚乌有的公司。有些不法人员临时在写字楼租借办公室,挂上"经理室""财务室"或"人事部"的招牌,到处张贴一些"招聘启事"或在媒体上刊登虚假广告后,进行虚假宣传,向应聘者收取名目繁多的各种费用后,人去房空。

(4)招而不聘的岗位。有些单位其实不需要人,也没有办理劳动用工手续,但仍然长期对外招聘。当然也会要求报名者交报名费、服装费、产品押金等。

(5)抵押陷阱。有的单位在录用毕业生之后,还要求将毕业生的身份证、毕业证作为抵押物,有的则收取一定的押金,一旦毕业生上班后发现单位真实情况与宣传不符而想要离开,要么失去押金,要么需要很大代价换取身份证或毕业证等。

(6)试用陷阱。有些单位在招聘人员时,规定了三个月的试用期,但往往是试用期即将结束时,便以各种理由把求职者"炒鱿鱼"。这样一来,求职者白白当了回免费劳动力。

2. 骗色类信息陷阱

这类信息陷阱主要是针对女生,但近年来也有男生上当受骗的案例发生。有些不法分子刊登虚假招聘广告,广告内容多强调只招女生,且对专业、能力没有什么要求。然后将应聘者约到僻静处进行应试,实施不法行为。因此,毕业生尤其是女生一定要避免到僻静或私人场所去应聘面试。

3. 骗知识产权类信息陷阱

一些单位或个人以考试或试用的名义,要求求职者根据他们的设想写一篇文字材料,或拿出一套设计方案或计算机程序等,或要求求职者为其介绍客户、推销产品等,然后找出种种理由加以推托,而将求职者的劳动成果据为己有。

4. 合同陷阱

实习协议、就业协议或劳动合同本来应该成为保护劳动者合法权益的"护身符",但有些单位针对应届毕业生涉世不深、社会阅历浅的特点,在与毕业生签订上述合同时,采取欺诈、胁迫等手段设置陷阱,本来是平等协商的合同成了所谓的"暗箱合同""霸王合同"。其实《中华人民共和国劳动法》明文规定:订立和变更劳动合同,应当遵循平等自愿、协商一致的原则,不得违反法律、法规的规定。

【职业思考】

材料分析:某日,在广州读书的中专生史某欲乘火车回安徽。在广州火车站候车时,两男子和其搭讪,自称在广州某公司上班,公司需招聘大量人才,史某毕业后可去应聘。史某大喜,当即留下安徽家中的电话号码。

随后,史家接一陌生男子来电,说是江西鹰潭某医院,称史某坐火车回家途中与人打架,被啤酒瓶打破头,目前生命垂危,两小时内不开刀做手术就会死亡,要求其家人马上汇1万元到医院账户。史家焦急万分,赶紧到银行照办。史家一名当警察的亲戚得知后顿觉蹊跷,马上到火车站向乘警了解情况。列车广播找到史某时,史某正为可能找到一份好工而开心不已。史家马上赶到银行将汇款冻结。不久,史家又接到该陌生男子的电话,质问为何还未汇钱。史家将其大骂了一顿。

请结合本节所学知识分析该案例,谈谈你以后怎样规避就业陷阱。

第三节 求职材料准备

求 职 信

尊敬的领导:

您好!

扬帆远航,借您东风助力!作为一名即将毕业的中专生,我热切希望与贵单位的同事们携手并肩,共同扬起远航的风帆,创造人生事业的辉煌!

我叫王晓,阳光活泼的我会每天都用微笑去面对生活;自信乐观的我会努力去做好每一件事情;能说会道的我懂得怎么和别人合作;负责任、不服输的我相信我能做好我的工作。在校期间我努力学习,本着学习与锻炼个人能力相辅相成的观念,在学习之余经常参加学校举行的各种活动,自觉性很强的我从不无故旷课、早退。自从入学以来历任体育委员、卫生委员,有很好的独立工作能力和独特的解决问题的能力。

本人在校期间曾获得文明学生以及计算机中级证书等。在工作方面,我踏实肯干,有着很强的吃苦耐劳的精神,做事一丝不苟,绝对服从上级的安排。恳切希望能到贵单位发挥所长,贡献全部学识。我自信在贵单位领导和同仁的指导和帮助下,我一定能够在贵单位有出色的表现。

千里马因伯乐而驰骋疆场,我需要您的赏识和认可,我也许不是最优秀的,但我相信我是最合适的。

愿贵单位业绩蒸蒸日上!希望领导能够对我予以考虑,我热切期盼您的回音!

此致

敬礼

自荐人:王晓
××××年××月××日

我的联系方式:

手机:×××××××××××

以上求职信采用了标准的格式,清晰简洁、一目了然。求职材料对求职成功起着非常关键的作用,尤其是对于中职生来说,有一份表述恰如其分的求职材料,往往能更快找到工作,也能找到更好的工作。

一、求职信

求职沟通中最常见的类型就是传统的求职信。尽管工作场所发生了很大变化,也产生了新的与老板沟通的方法,但近几年来,这种沟通的基本形式在本质上并没有改变。尽管求职信包括各种风格、形式和内容,但两种基本的形式应对你有所帮助,即猎枪型和步枪型。

1. 猎枪型

在这种类型的求职信中,求职者在他们的领域内向很多招聘者寻找可能性而不是给每一个招聘者单独发信。你对机构了解得越多,根据机构的需要和兴趣调整你的信件内容就会越容易。信中要突出你的优势和技能。所寻找的职位类型要尽量具体,并且把它与你对机构的知识和它的业务、产品和服务联系在一起。

2. 步枪型

这种类型的求职信可用于具体的、有目标的求职活动。了解职位的性质,所以你可以通过构建你的信来显示你的能力和资格可以满足招聘者的需要。在信中,你要在你的职业目标、专业背景与招聘者的需要之间建立一种匹配。写信时,首先要确定机构的正确联系人,直接把信寄给你所申请工作的主管人员或者部门经理。

准备信件的小技巧

对广告进行仔细地阅读和再阅读以帮助你了解潜在招聘者正在从申请者那里寻求什么。

尝试回应机构通过广告所提出的"需要"——要善于找出字里行间的言外之意,这样你可以更有效地调整你的反应。

在广告出现之后尽快答复。然而,你要保证有足够的时间来准备最佳的文字反应。

在描述技能和兴趣如何与机构的需要相匹配时,你要尽量突出革新性和创造力以使你的信件在机构收到的众多信件中脱颖而出。

按照工作目录的要求去做,仔细斟酌哪些地方的反应应该是直接的,要包括哪些内容(例如,简历、对工作地点的陈述等)。回答所有的问题,但不要提到对薪水的要求。在这种情况下避免谈此类问题是明智的,只需暗示这是开放的和可商量的。

说明什么时候你可以去面试,并且写上可以找到你的电话号码和电子邮箱地址。

要简洁!信件应该是个性化的、简练的、真诚的和实在的。

要经常站在招聘者的角度来想想他或她会做出什么反应。试着确定对于一个特定的招聘者而言,哪些成就和技能是最具有吸引力的。

要坦率、专业、有条理——记住你是在推销你自己。简历要贴近事实。

记住信的主要目的是为你的面试提供机会——一定要让求职信具有影响力。

求职过程中的信件包括:

(1) 询问信。在求职中用到的最普通的信件通常是指求职信或申请信。在求职信之前的信称为咨询信或者询问信。

(2) 面试感谢信。通常,面试后应该写封感谢信以表达对占用了面试者时间的谢意。感谢信是找工作中最有效也最容易被忽视的工具之一。这不仅是一种公认的礼貌,而且你的信也能加深会见时你在面试者心目中的印象。

(3) 接受信。一旦你决定接受一个录用通知,要立即通知招聘者。招聘者将会很欣赏你的快捷,这样会让他们对人事选择过程状况的评估更有效率。

(4) 谢绝信。出于礼貌,你在拒绝组织的录用后应写一封谢绝信。尽管这种通信方式可能有负面性,但让其他招聘者知道你的决定是至关重要的。

求职信中可以做和不可以做的事情

下面是更多的一些与求职信件有关的"可以做的和不可以做的"信息。

可以做的:

——遵守标准商业信件的规格和格式。

——在任何可能的时候,把信寄给个人,并附上正确的头衔。

——文字拼写正确,加标点和分段。
——用自己的话和对话的语言书写。
——手写而不是打印出你的签名。
——打印在质地优良的纸张上。
——简洁、抓住重点。
——利用与招聘者的任何联系让你占有一席之地,在竞争中占据优势。

不可以做的:
——使用僵硬的语言和措辞。
——"玩弄手法"或"故作风雅",试图显得与众不同、聪明过人。
——满纸的第一人称"我"。
——用高傲的语气,或者暗示你考虑这个职位是帮了招聘者的大忙。
——过多地强调你的可依靠性、努力工作的能力或者你的聪明才智,这种自我赞扬总让人觉得是夸大其词。

二、个人简历

个人简历是自己生活、学习、工作、经历、成绩的概况集锦。个人简历可以使用人单位全面了解自己,从而为自己创造面试的机会,最终达到就业的目的。

(一) 简历的格式

简历一般分为两种,纸质简历和电子简历。

(1) 用人单位要求在人才网上直接发送的,应该在简历的标题标明自己的情况和应聘的岗位,以节省人力资源经理的时间和精力,提高关注度。例如,"×××,26岁,中文硕士,2年工作经验,应聘行政办主任",或"×××应聘贵公司行政办主任"。

(2) 用人单位要求发送纯文本简历到公司邮箱的,应该在邮件标题写明个人情况和应聘的岗位,方法同上。

(3) 用人单位要求以文档附件形式发送简历到公司邮箱的,邮件标题同上,附件的文档文件名也应改成"×××应聘行政办主任简历"。而不要用"简历""个人简历"之类的标题,以免人力资源经理下载附件的时候跟其他人的简历重复。

(二) 简历的基本内容

简历的基本内容包括标题、个人基本情况、自我评价、工作经历、职业技能特长及职业目标等。

(1) 标题建议用"×××的个人简历"。字体别弄太大。个人简历就是向人力资源管理经理表现自己的第一个舞台,标题太大了占的位置多,无形中减小了你表现的舞台。用上自己的名字也有原因:简历最重要的作用就是为了给人力资源经理留下深刻的印象,这样人力资源经理在把所有简历看完后想把觉得合适的人挑出来的时候,会更容易找到你。

(2) 个人基本情况。突出重点,着重写明与求职职位相关的工作经历。

(3) 自我评价最好突出自己最大的优点和最适合该岗位的地方,其他无关的可写可不写。如应聘"行政办主任"时可写:熟悉各类行政人事、方案、标书等公文写作,学习了管理学和经济学等管理课程;能熟练使用计算机,英语听说能力强;个性活泼开朗,能承受高强度的工作压力。

（4）工作经历。这是人力资源管理经理直观地了解你是不是适合相关工作岗位的重要信息，切忌泛泛空谈。建议在工作经历中简单描述自己之前所在的公司情况和岗位职责、业绩等，业绩最好有数据或者对比来强化。

（5）职业技能特长。力求简单、详略适当。比如，职业技能与特长：出色的组织能力和团队凝聚力；多次成功的培训、谈判、项目运作经验；出色的公文写作功底；熟练使用计算机上网、编程、操作数据库，并且能灵活使用办公软件、多媒体等。

（6）职业目标。具体写明自己期待的职业发展目标。

（三）简历中需要注意的其他问题

1. 简洁

简历要简洁，如果不是记者、设计师等职位的特殊要求，不建议附上个人作品和获奖证书复印件，只要在简历里提到就行。如果面试后公司有特别要求，再提供不迟。

2. 突出重点

人力资源经理看你的简历，最在乎的就是你是不是适合这个岗位。所以简历的重点应该跟你所应聘的职位相关，其他内容略写即可。比如要应聘的是少儿读物插画作者，你以前做过快速消费品营销和打乒乓球获得学校的名次等就不必提。

3. 大方踏实，不卑不亢

一般来说，求职者处于从动地位，不建议腔调过高。如"我希望在公司能学到更多知识，不断提高自己"等类似的话就不合适，除非特殊情况，公司都希望你来了能迅速投入工作，而不是像学校一样培养你。如果简历中写："为了搞好工作，我准备做到以下三点：①多向前辈学习，提早做好准备工作，做到有的放矢以不断提高工作效率；②工作中多和领导、同事沟通协作，工作之余多学习业务知识，提高业务能力；③工作完成后做好工作总结，不断改正缺点不断进步。"这样会显得对工作有更明确的目标，自然更能得到人力资源管理经理的青睐。

4. 不同职位用不同简历

"一份简历打天下"的时代已经一去不返。建议多准备几份简历，这样才能有针对性，更容易得到面试的机会。甚至对不同公司的同种职位，也可以参考公司具体情况和企业文化准备不同的简历。

（四）如何让你的简历更吸引人

求职简历是用人单位了解毕业生有关情况的主要途径和方式。求职简历写得是否"抓人"，对毕业生求职的成功与否起着十分关键的作用。那么，怎样才能将求职简历写得更加"抓人"呢？

1. 善于写出那些能表现自己人格、品质魅力的经历

是否具有特殊的经历、优秀的人格品质以及良好的性格，已经成为当今许多用人单位在录用人员时考虑的一项重要条件和内容。毕业生如能在这方面进行挖掘，无疑会给自己的"双选"或应聘增添一些优势。有位毕业生曾这样介绍自己的经历，颇得用人单位欣赏："我来自贫困山区的贫困家庭，恶劣的环境和艰苦的生活磨炼了我吃苦耐劳、顽强不屈的品质，只要能读书，再多的苦我都能吃。考上大专以后，我格外珍惜这难得的读书机会，学习一直都很用功，所以基础比较扎实，成绩优秀。现在我即将毕业走向社会，只要能给我一份工作，我一定会加倍珍惜！"

2. 要写出自己对一些相关问题的看法和态度

现在的用人单位在录用员工时，已不是单单看他会不会干活，而且要看他有没有思想，有没有头脑，有没有眼光，能不能为本单位的发展出点子、想办法。因此，毕业生在写求职简历时，如果能够自然地写出自己对一些与自己相关问题的认识和看法，也可以让用人单位对毕业生认识事物的能力和水平有所了解。

有一位毕业生是这样介绍自己的学习情况的："在学习中，有不少同学都认为《电工基础》这门课难学，所以不想学。而我则认为，正因为它难学，学通学透它的人少，社会就比较缺乏这方面的人才，反过来，拥有这门知识和技术的人就业的空间就更大。所以我更加努力地学好这门课，这门课的成绩也就特别优秀……"用人单位在看完这样的求职简历后，自然会觉得这是一位有思想、有眼光、有主见、不随波逐流的人。这样的人在求职时，就会被优先考虑。

3. 要学会进行横向比较

俗话说："不怕不识货，就怕货比货。"因此，那些成绩特别优异和能力出众的毕业生，在写求职简历时，就要善于突出和反映出自己的优势，把自己的成绩放在年级或专业的排名上来进行比较，这样才更能显示和表现出你不同寻常的优势和出类拔萃的成绩。如只写"成绩优异"，就不如写"自己的成绩排在年级或专业的前几名"，这样更具体、更有分量。

4. 要善于用事实说话

现在有不少毕业生在写求职简历时，大多存在着一种毛病，就是写得比较空泛笼统。如"严守纪律、成绩优秀"等，而无具体事例，这很难令用人单位信服。因此，在写求职简历时，要善于用事实说话，用充分的事实来征服用人单位，来取信于用人单位。如："严守纪律"不如写成"连续四年从未被扣过操行分，每学期都荣获守纪奖"；"成绩优异"不如写成"所学专业所有科目的成绩都在90分以上"或"每学期都获得'三好学生'"或"被评为区级优秀学生"等；只写"写作能力强"不如写先后在哪些报刊上发表了多少篇文章；"有演讲特长"不如写成"在参加学校举行的各种演讲比赛中，每次都获得二等以上的奖励"或"某次代表学校参加市区演讲赛获得几等奖"；"组织管理能力强"不如写担任了哪些职务，取得了哪些成绩显得更具体、更令人信服。

5. 要写出自己的特长

用人单位都希望被录用者一专多能，或具有某种显著的特长。所以，毕业生在写求职简历时，一定要把自己最显著的特长写进去，这样可以使自己在应聘时多一些优势，也能增加被录用的机会。

当然，要想使自己的求职简历写得"抓人"，首先要有真才实学，否则，没有实际技能，简历也就只是"一纸空文"。

制作简历过程中可以做和不可以做的事

可以做的：

——简洁、清晰、简明。如果一份简历易读、清楚而且组织得当，那么它会有更多的机会。

——协调一致。尝试设计一些大字标题、文字说明、书写缩进、文本字块，并运用大写字母和下划线。然后选择一种易读且吸引人的版式并贯彻到底。充分利用文本的空白以突出主题。

——保持积极。用有积极行为指向的动词来开始陈述或措辞，例如"成功地引进""促进"等。

——不要使用否定的陈述。

——要诚实。很多机构把你的简历看作申请工作的一部分,申请中的不真实信息会立刻导致被拒绝。它是个人缺乏诚实的表现,提供虚假的简历信息在一个人的求职过程中不是明智之举。

——要认真。对打印错误以及语法、拼写、标点上的错误检查两遍。要勤查字典,有疑问时,就查证一下。文本编写中的错误会暗示出粗心和技艺粗糙,一些招聘者会立即把有错误的简历排除在外。

——要整洁。用A4纸,然后打印或者影印。打印简历时注意留出空白以避免看起来混乱。确保副本清晰、完好无损。用激光打印机或者其他高质量的打印机来制作原件。

不可以做的:

——不要提出薪水要求。

——不要解释为什么更换招聘者。

——除非有必要,不要限制工作地点。

——不要过多说明世界观和价值观。

——不要提供任何负面的信息。

三、证明人和推荐信

在求职活动中也会出现工作证明的问题。可以利用给招聘者的信件和简历来沟通可能的证明人的信息。求职过程中的证明人通常包括3~4位,他们能与未来的招聘者交谈你的任职条件和性格,特别是当这些与一个空缺的职位有关时。

对于刚毕业的学生而言,证明人通常包括现在和过去的招聘者,还有校园里的一些人,如教员、学生组织指导老师或者其他对你非常了解的职员。对于有很长工作经验和更多工作经历的求职者,证明人通常是他们最近的招聘者。通常不太需要那些被称为"个人证明人"的证明人,他们可能是邻居、看着你长大的人或你所属的宗教团体中的人和类似的个人。

招聘者通常对能够诚实和精确地描述你作为未来雇员所具备的条件的证明人更感兴趣。他们对你的工作习惯感兴趣,并且他们想证实一下简历中的信息。对你来说最重要的事情是在列出证明人并交给招聘者之前,问一下证明人他们是否愿意接受。

一些证明人也许愿意为每个你所申请的职位书写具体的信件(这是最理想的情况),另一些人也许更愿意简单地写信"给有关的人",这类信往往是一般性的信件。在后一种情况中,应该保存这些信件并在招聘者要求时寄送副本。另外一种选择是把证明信存档放在职业中心的证书服务处。

个人简历模板

■基本信息

姓　　名　　　　　　性别

政治面貌　　　　　　学历

身　　高	体重	
出生年月	籍贯	照片
联系电话	民族	
电子邮箱		

■教育背景

20××/09—20××/07　西南交通大学物流工程工学硕士

主修课程：物流系统优化理论与方法、物流系统建模与仿真、物流金融与实务、第三方物流模式与运作、物流需求分析与系统规划、物流营销与策划、制造企业物流管理、采购与供应链管理、设施规划与物流中心设计。

20××/09—20××/07　成都信息工程学院信息与计算科学工学学士

主修课程：现代最优控制论、统计学、管理运筹学、数学建模、最优化算法、小波分析、数值计算、神经网络、数据结构、计算机图形学、软件工程、计算机网络及其运用。

20××/09—20××/07　成都机电工程学校学生

主修课程：电工技术、电子技术、机械设计基础、机械加工机床、机械加工工艺、液压与气动技术、检测技术、数控技术、电气控制技术、单片机原理与应用、可编程控制器及应用、机电一体化系统与设计。

■个人技能

计算机水平：国家计算机二级C语言证书、国家计算机三级网络证书，能够熟练操作Microsoft Office等各种办公软件，掌握AutoCAD、FlexSim等仿真软件、SPSS统计软件的使用。

■专业特长

对车辆调度、库存控制、设施规划等问题有较深入的研究；能独立完成从数据收集、问题分析、到最优方案的拟订工作；精通MATLAB编程技术，擅长各种物流系统优化方法。

■语言能力：CET-6。

■其他证书：报关员资格证书、中级物流师证、驾驶证。

■兴趣爱好：旅游、运动。

■获奖情况

☆研究生阶段：一等奖学金、二等奖学金、精神文明建设先进个人、寝室风采大赛三等奖、院羽毛球比赛女单及混双冠军。

☆本科阶段：特等奖学金2次、一等奖学金2次、三好学生、优秀学生干部、文体优秀奖、数学建模竞赛三等奖、优秀毕业生。

■社团活动

20××/03—20××/06　研究生会文体部部长

☆作为主要负责人，组织策划了趣味运动会、师生羽毛球联谊赛、新生篮球赛等各种文体活动，得到同学们的积极参与及学院的好评；

☆担任20××物流与运输国际会议志愿者，作为会务组的一员，负责会场的布置整理及参会人员的接洽工作。

20××/03—20××/06　班级团支书、学生会学习部部长、组织部部长、青协秘书长等

☆组织户外烧烤、天台游等班级活动，缓解学习压力，融洽同学关系；

☆举办"学生涯规划""考研就业交流会"等讲座,负责联系接洽讲座专家及讲座的主持工作;

☆组织义务献血、敬老院慰问老人、预防艾滋病宣传教育等多种形式的志愿活动;

☆在绵阳第19届亚洲邮展中担任志愿者,负责咨询解答工作。

■兼职实习经历

20××/××—20××/××　　成都龙涵商贸有限公司市场分析

☆参与市场问卷调查的设计以及市场调研活动;

☆利用PQPP软件对调研数据进行统计分析及产品市场预测;

☆管理销售合同等各类文件,负责销售绩效汇报。

20××/××—20××/××　　森马服饰股份有限公司计划管理专员

☆协助负责人进行库存基础信息的整理、分析工作;

☆协助负责人进行采购订单操作规划,提出建议,并负责采购订单的实施;

☆根据提前订单需求,整理分析数据,确认各提前订单款的操作货量,并予以实施;

☆关注市场配销进度,评估市场需求,提出操作建议。

20××/××—20××/××　　成都思瑞奇信息产业有限公司行政助理

☆公司日常行政管理的运作,客户接待及电话转接;

☆负责员工考勤管理;

☆协助公司领导对各项行政事务的安排及执行。

20××/××—20××/××　　广州德普达快运有限责任公司成都分公司受理兼操作员

☆接受客户下达的送货订单,将订单汇总传达给调度员;

☆实时跟踪货物运送情况,并定时向客户反馈信息;

☆货物标签扫描,信息录入;

☆协调处理货物运送过程中出现的如破损、超时等意外情况;

☆在工作期间,成功地解决了一起货物破损的赔偿纠纷问题,使公司免受近万元的损失,受到领导的赞赏。

■科研项目

20××/××至今　　中央高校基本科研业务费专项资金项目、不确定动态环境下城市应急救护点选择与救援车辆路径的集成优化与仿真研究

20××/××—20××/××　　成都市物联网产业发展规划

20××/××—20××/××　　省部级横向项目、贵州扎佐物流园区规划

■自我评价

性格温和、处事细腻,给人一种沉稳持重的感觉;具有良好的生理和心理素质,能够很快适应不同的环境,并承受较大强度的工作量和工作压力;为人随和,易与他人相处,有很强的集体团队意识和责任心;有较强的逻辑思维能力和分析解决问题的能力。

【职业思考】

结合自己的专业和自己的就业方向,确定一个职业,找到此职业对口的单位及其招聘职位,撰写一封求职信和一份简历。

第四节 面　试

面试跷二郎腿错过百万年薪

经过半年筛选,张先生终于进入了一家外企的面试环节,由于忽视了一些细节,他最终错过了年薪120万元的工作。专家表示,面试中忽视细节还有平时频繁跳槽,这是众多求职者与高薪职位失之交臂的重要原因。

前一段时间,哈尔滨市一家大型外资企业委托猎头公司招聘技术总监,经过该公司东北区、中国区人力资源部门以及相关业务经理层层筛选,年仅40岁的张先生从百余名应聘者中脱颖而出,最终进入了面试环节。在北京面试时,这家外企的总部高层管理人员也亲临现场。在面试现场,张先生在沙发上入座时,两手很随意地搭在扶手上,随后习惯性地跷起了二郎腿,就是这个细节让外方高层非常反感,导致张先生应聘失败。猎头公司武经理告诉记者,张先生曾在哈尔滨市一家民企担任高职,既精通业务又擅长外语,可能是在民企的经历让他养成了一些习惯性的动作,并最终因为面试中忽略细节而错失良机,实在令人遗憾。

俗话说"人怕见面"。见面沟通是最直接有效的方式,面试即是如此。面试是用人单位了解应聘者最直接的方式。应聘者在面试时的表现直接决定了最终能否应聘成功。案例中,张先生无疑是优秀的,但是一个小小的习惯动作,却葬送了一个非常好的机会。中职生做就业准备,千万不能忽略面试中的各种细节。

面试是公司挑选职工的一种重要方法。如何顺利地通过面试,是毕业生在求职择业过程中非常关心的问题,也是能否成功就业的重要环节。

面试是一种经过组织者精心设计,在特定场景下,以考官对考生的面对面交谈与观察为主要手段,由表及里测评考生的知识、能力、经验等有关素质的考试活动。面试给公司和应聘者提供了进行双向交流的机会,能使公司和应聘者之间相互了解,从而双方都可更准确地做出聘用与否、受聘与否的决定。

一、面试准备

机遇青睐有准备的人。作为一名求职者,面试前需要准备的材料一般包括以下内容。

(1) 资料准备:简历、学历证明、荣誉证书等。

(2) 问题准备:对面试中可能提出的问题进行适当准备。

(3) 形象准备:良好的仪表形态,文雅、得体的行为,能给人留下良好的第一印象。

面试前对应聘的公司和岗位多一些了解,有助于提高面试通过率。面试前也要对乘车路线尽量调查得深入一些,以保证能够准时参加面试。

二、面试的形式

随着经济的发展,现在面试的形式越来越多,主要有个别面试、小组面试、成组面试、电话面试等。

1. 个别面试

个别面试是指一个应聘者与一个面试人员面对面地交谈,这样有利于双方建立较为亲密的关系,相互加深了解。但由于只有一个面试人员,所以决策时难免有偏颇。

2. 小组面试

小组面试通常是由 2~3 个人组成面试小组对各个应聘者分别进行面试。面试小组可由人事部门及其他专业部门的人员组成,从多种角度对应聘者进行考察,提高判断的准确性,克服个人偏见。

3. 成组面试

成组面试通常由面试小组(由 2~3 人组成)同时对几个应聘者(最好是 5~6 个)进行面试,在面试人员的引导下,完成一些测试和练习。在这个过程中,对应试者的逻辑思维能力、解决实际问题的能力、人际交往能力、领导能力等进行测试,以便于做出用人决策。

4. 电话面试

电话面试是一种通过手机、固话等通信工具对面试者进行考核和筛选的面试渠道。这种面试方式是不亲身接触,仅通过言语传递信息来了解面试者的身份、简历、应聘职位和应聘能力等。

三、面试的技巧

面试发挥出色,可以在一定程度上弥补先前笔试或是其他条件如学历、专业上的不足。下面介绍一些面试技巧。

技巧一:自我介绍不超过 2 分钟。

"请你自我介绍一下"这一问题,90%以上的用人单位都会问,面试者最好事先写好背熟。其实面试者的基本情况用人单位已掌握,这个问题的目的是考核面试者的语言表达能力、逻辑能力,以及诚信度。所以,面试者口头自我介绍的内容要与个人简历相一致,表述方式上尽量口语化,注意内容简洁,切中要害,不谈无关、无用的内容,条理要清晰,层次要分明。自我介绍不能超过 2 分钟,最好把握在 1 分钟左右。

技巧二:强调温馨和睦的家庭氛围。

"谈谈你的家庭情况"此类问题是约 70%的用人单位会询问的问题。面试者应简单地介绍家人,一般只需介绍父母,如果有和应聘的行业有联系的亲属也可介绍。回答时注意强调温馨和睦的家庭氛围,父母对自己教育方面的重视,各位家庭成员的良好状况,以及家庭成员对自己工作的支持和自己对家庭的责任感。

技巧三:用乐群性爱好点缀形象。

"谈谈你的业余爱好"是合资企业、民企乐于问的问题,因为企业主要想通过这一问题了解面试者的性格是否开朗,是否具有团队精神。所以面试者千万不要说自己没有业余爱好,也不要说自己有一些庸俗的、令人感觉不好的爱好。谈爱好时最好不要说自己仅限于读书、听音乐、上网等一个人做的事,这样可能会令面试官怀疑应聘者性格孤僻,最好能有一些如篮球、羽毛球等在户外和大家一起做的业余爱好来"点缀"自己的形象,突出自己的乐群性和协作能力。

技巧四:有崇拜的精神导师。

"你最崇拜谁?"这是近两年用人单位爱问的一个问题。面试者回答时,不宜说自己谁都不崇拜,或者说崇拜自己,也最好不要说崇拜一个虚幻的或者不知名的人,更不能崇拜一个明显具有负面形象的人。面试者所崇拜的人最好与自己所应聘的工作能"搭"上关系,并说明自己所崇拜的人的哪些品质、哪些思想感染并鼓舞着自己。

技巧五:座右铭与应聘行业相关。

通过提问座右铭,用人单位就可以判断面试者是否具有发展前途。面试者不要说那些易引起不好联想的座右铭,也不应说那些太抽象的座右铭,更不宜说太长的座右铭。座右铭最好能反映出自己的某种优秀品质,或者是与本专业、本行业相关的一句话,比如"只为成功找方法,不为失败找借口"。

技巧六:说与工作"无关紧要"的缺点。

当考官问到你的缺点时,面试者不能说自己没缺点,也不能把那些明显的优点说成缺点,但更不能挑严重影响所应聘的工作的缺点,或者令人不放心、不舒服的缺点。可以说一些对于所应聘工作"无关紧要"的缺点,甚至是一些表面上看是缺点,从工作的角度看却是优点的缺点。

技巧七:尽量回避待遇问题。

考官问"你为什么选择我们公司?"时,就在试图从中了解面试者求职的动机、愿望以及对此项工作的态度,面试者最好不要说"因为待遇好"等,可以说:"我十分看好贵公司所在的行业,我认为贵公司十分重视人才,而且这项工作很适合我,我相信自己一定能做好。"

技巧八:遇到提问陷阱采用迂回战术。

"如果我录用你,你将怎样开展工作?"这是一道陷阱题,如果应聘者对于应聘的职位缺乏足够的了解,最好不要直接说出自己开展工作的具体办法,以免引起不良的效果。面试者可以尝试采用迂回战术来回答,如"首先听取领导的指示和要求,然后就有关情况进行了解和熟悉,接下来制定一份近期的工作计划并报领导批准,最后根据计划开展工作"。

技巧九:回避回答对上级具体的希望。

"你希望与什么样的上级共事?"通过面试者对上级的"希望"可以判断出面试者对自我要求的意识。这既是一个陷阱,又是一次机会。面试者要好好把握此机会,最好回避对上级具体的希望,多谈对自己的要求,如"作为刚步入社会的新人,我应该多要求自己尽快熟悉环境、适应环境,而不应该对环境提出什么要求,只要能发挥我的专长就可以了"。

技巧十:尽量体现机智、果敢和敬业。

"你是应届毕业生,缺乏经验,如何能胜任这项工作?"这一问题的回答应体现出面试者的诚恳、机智、果敢及敬业。恰当的回答如"作为应届毕业生,在工作经验方面的确会有所欠缺,因此在读书期间我一直利用各种机会在这个行业里做兼职。我也发现,实际工作远比书本知识丰富、复杂。但我有较强的责任心、适应能力和学习能力,而且比较勤奋,所以在兼职中均能圆满完成各项工作,从中获取的经验也令我受益匪浅。请贵公司放心,学校所学及兼职的工作经验使我一定能胜任这个职位"。

【职业思考】

分成几个小组,每个组5～6个学生。学生轮流扮演面试者和求职者,结合上一节所撰写的求职信和简历,进行面试演练。(注意结合本节所学内容)

第五节 求职礼仪与着装

案例导引

某航空公司要面向社会招一批空姐,前来报名的人络绎不绝。其中有几个女孩,心想空姐是多么时髦的职业,招的都是那些漂亮的女孩。于是,几个姑娘就到美容院将自己浓墨重彩地打扮了一番,活像电视剧里的韩日明星。她们高高兴兴地来到报名地点,谁知工作人员连报名的机会都不给她们,便让她们离开了。

笔者观点

得体是最重要的求职礼仪。虽然各行业都有自己的着装特色,但是在求职面试时,过分地装扮给人的感觉是轻浮,而这往往是用人的大忌。所以,着装得体往往是面试成功的最基本的要求。

求职礼仪是在人际交往中,以一定的、约定俗成的程序、方式来表现的律己、敬人的过程,涉及穿着、交往、沟通、情商等内容。

一、面试前的礼仪

参加面试的服饰要求是为了配合求职者的身份。面试时合乎自身形象的着装会给人以干净利落、有专业精神的印象。男生应显得干练大方,女生应显得庄重典雅,不能在面试时穿T恤、牛仔裤、运动鞋。一副随随便便的样子,是不受欢迎的。

1. 男生着装礼仪

1) 西装

男生应该选择裁剪良好、款式经典的西服套装,切忌太过前卫的设计。颜色以黑色、灰色或深蓝色为宜,最好是纯色的,不要有大格子、大条纹、花纹,面料最好是比较容易打理又不易变形的。

2) 衬衫

要选用面料挺、好一点的衬衫。白色的长袖衬衫是上上之选,永远都不会错。别的颜色的衬衫当然也可以,但不如白色那么正式,并且要注意和西装的颜色搭配是否合适。

3) 领带

男生参加面试一定要在衬衫外打领带。领带宜选用保守一些的,如传统的条纹、几何图案等。上面不能有油污,不能皱巴巴,平时应准备好与西服颜色相衬的领带。

4)皮鞋

不要以为越贵越好,而要以舒适大方为度。皮鞋以黑色为宜,且面试前一天要擦亮,光亮的鞋子能够表现出专业的做事风格和良好的职业素养。

5)袜子

袜子是很容易被忽视的一个环节。袜子的颜色也有讲究,西装革履时的袜子必须是深灰色、蓝色、黑色等深色,这样在任何场合都不失礼。此外,袜子也不宜过短,以免坐下来时把小腿露出来。

6)头发

保持头发合适的长度,尽量避免在面试前一两天理发,以免看上去不够自然。面试前一天洗干净头发,避免头屑留在头发或衣服上,保持仪容整洁是取得用人单位良好第一印象的前提。

7)饰品

男生最好少戴饰品,越简单越好,不要佩戴项链、手链等。可以戴手表,但应以端庄为主,不要戴休闲型的手表。

8)其他

要将胡须剃干净,并且在剃的时候不要剃伤皮肤。指甲应在面试前一天剪整齐。

2. 女生着装礼仪

1)职业装

选择职业装的时候要注意颜色,黑色、深蓝、灰色等稳重的颜色是比较理想的选择;款式不要太过前卫新颖,宜简洁端庄。如果是裙装,一定要注意裙子的长度,以盖住膝盖为准,不要在膝盖以上,也不要太长,否则会给招聘主管不专业的印象。如果上衣是V领的,要注意开口不能太低,如果太低的话,可以通过丝巾或内衬上衣来弥补。

2)衬衫

在挑选衬衫的时候,无论是颜色还是款式都以庄重为宜。不要穿透明材质的衬衫,也不要穿蕾丝花边或雪纺薄纱的,在衬衫外面可以再穿一件小背心以防走光。

3）鞋子和丝袜

鞋子的款式要端庄不花哨,颜色与套装相配,鞋跟不宜过高;丝袜的颜色最好是黑色、肉色、深灰,但必须和套装及鞋子搭调;夏日不要穿露出脚趾的凉鞋,更不宜将脚趾甲涂抹成红色或其他颜色。

4）包

选用的包应与整个穿着相配,不要太大,中等或小型尺寸即可。如果可能的话,最好是皮制的。

5）头发

头发在整个仪容中是十分重要的组成部分。保证头发干净清洁,仔细梳理。如果是长发就把它盘起来或梳理成其他看起来专业舒服的发型,不要披头散发,看起来像刚刚起床一样。

6）化妆

参加面试的女生可以适当地化点淡妆,这样会使自己看起来很精神,但不能浓妆艳抹,这不符合学生的形象与身份,保持妆容清新自然,不要掉妆。

7）饰品

选择尽可能简单的饰品。面试属正式交往的场合,可以戴手表,但不要戴手链、手镯;一手最多只能戴一枚戒指,且不要戴奇形怪状的戒指,不然不方便握手,留下不好的印象;不要戴很大很长的耳环,也不要戴多个耳环,如果要戴的话,一对耳钉就可以了。

8）其他

女生如果穿了长筒丝袜,面试出发前可以在包里多备一双,以防袜子被钩破。面试前一定要洗澡,保持头发和身体干净清洁;修剪一下指甲,不要太长,不要用颜色鲜亮的指甲油,无色透明的即可。

二、面试过程中的礼仪

细节决定成败。在求职面试中,对一些细节处理得好与否,直接关系到应聘者的印象分。如何处理好细节,通过细节来体现自身素质,不光在面试时,平常就应该培养。以下是一些要点和方法:

1. 敲门

在进入面试房间之前,无论面试房间的门是关还是开,都应轻轻敲门,得到许可后再进门。进门之后,把门轻轻关好,整个过程要保持微笑。

2. 握手

如果你是女生,而面试官是位男士,请先伸出你的手;如果面试官也是女士,则等她主动握手。如果你是男生,面试官也是位男士,你们谁采取主动都无所谓;如果面试官是女士,则一定要等她主动伸手。握手是合作和友好的表示,所以握手时一定要有力,但不要因为紧张而使劲挤压对方的手。成功的握手可以传递出自信和尊重的信息。握手之后,面试官会请你坐下,如果你的简历有修改增加,可以借这个机会递上更新的版本。

3. 入座

在握手之后面试官发出请你入座的邀请之前,不要自己先坐下。入座时不要紧张,自然地把椅子拉出来一些,坐好,再挪回去,这个过程中不要发出响声。坐下后,不要把包抱在怀里或放在桌上,应该把它放在椅子的右边或右边的地上。

4. 坐姿

坐时身体要略向前倾,面试时不要紧靠椅子背,不要坐满,一般以坐满椅子的三分之二为宜。女士不管是穿裙子还是裤子都要始终并拢双腿,这样会显得优雅一些。

5. 表情

就座后,面试官就开始和你谈话了,而你可能会因为直面对方而感到紧张,因此必须要注意自己传达出的非语言信息。如果一个求职者在面试中目光流离、眉头紧蹙或漫不经心,都会给面试官留下关于求职者胜任力和素质的不良印象。要注意保持面部表情自然、自信和微笑。

6. 语气、语速、音量与措辞

在面试过程中,要注意自己的语气、语速、音量和措辞,并不要求模仿面试官,但至少应该是和谐的。如果面试官以一种非常友好振奋的语气,你就不要表现得太平淡单调,也应该是愉悦、热情的;如果面试官说话很严肃,你就应该表现得稳重一些;如果面试官说话很平稳、缓慢、柔和,你说话就不要声音过大或过快。

7. 眼神交流

眼神交流表明了对谈话对方的尊重和他所说内容的兴趣。面试中,四分之三的时间要以平稳自然的眼光注视面试官的面部,特别是眼神,但不要直勾勾地盯着。而其他时间也不要东张西望、无所事事,应该转移到他的手或是你的笔记,这样会给面试官留下你自信、专注和诚恳的印象。

8. 手势

交谈中可以有适当的手势配合表达,但不宜过多,太多了会分散别人的注意力。注意手的细节:手上不要摆弄东西,如玩纸、玩笔、挠头等。

9. 其他

面试时不要吃东西、嚼口香糖、抽烟,不要喝水出声。

三、面试后的礼仪

许多求职者只留意应聘面试时的礼仪,忽略了应聘面试的善后工作,而这些步骤亦能加深别人对你的印象。

1. 表示感谢

为了加深招聘人员对你的印象,增加求职成功的可能性,面试后两天内,最好给招聘人员打个电话或写封信表示谢意。感谢电话要简短,感谢信要简洁。感谢信的开头应提及本人姓名及简单情况,然后提及面试时间,并对招聘人员表示感谢。感谢信的中间部分要重申你对该公司、该职位的兴趣,增加一些对求职成功有用的事实内容,尽量修正可能留给招聘人员的不良印象。感谢信的结尾可以表达你对自己的素质能符合公司要求的信心,主动提供更多的材料,或表示能有机会为公司的发展壮大做出贡献。

2. 不要过早打听面试结果

在一般情况下,同一职位的面试会持续一段时间,最后确定录用人选。求职者在这段时间内一定要耐心等候消息,不要过早打听面试结果。

3. 调整心情

一次面试完成后,要调整好心情,全身心投入第二家的面试。因为没有录用之前,仍不算成功,不要放弃其他机会。

面试装扮禁忌

求职旺季一般年后来临,社会新鲜人踏出校门的第一项挑战,就是就业率低,职场竞争激烈。应征面试,衣着装扮可不容马虎。穿上适宜的"面试装",可让自己在应对进退之间更有信心。

社会新鲜人若能得到面试的机会,可千万不可马虎,谨守"社会新鲜人衣着的六大禁忌",就能通过最后一首关卡,成功踏入职场。

禁忌1：脏污和皱褶

肮脏、破旧、皱得像酸菜干的服装，也许很"酷"，但绝对不适合穿去面试，如此装扮会让人觉得你个性吊儿郎当，没有诚意。此外，时下流行的仿脏污、故意抓皱褶的前卫服装，也不适合。

禁忌2：装可爱或太花哨

你无法忍受一成不变，特爱"与众不同"，疯狂迷恋粉的红色系的娃娃装脱下来，这场面试决定着你的一生，暂时把内心里的"粉红狂"收起来，把身上的粉红娃娃、缤纷花朵、绒毛玩具和发夹一一取下，乖乖去面试吧！

禁忌3：浑身名牌

参加面试，衣着装扮的确要花钱打点，但不代表就得要浑身名牌。浑身名牌，常会给人"败家""个性娇纵""不肯吃苦耐劳"的负面印象，就算是应征精品业的工作，也不必如此。不过，拎一只材质好一点的名牌包，是被许可的，但品牌的logo最好不要太明显。

禁忌4：太过性感或裸露

你的身材可能非常好，但在面试时，最好还是低调一点，以免你的身材蒙蔽了面试官的眼睛，只看到你的身材，没看到你的才华。

禁忌5：不化妆或过度浓妆艳抹

也许你是自然主义者，不爱化妆，但面试时，最好还是上点妆，适当遮住黑斑、雀斑和黑眼圈，让自己的气色好一点。不过太过浓烈的浓妆艳抹也不合适，会让你显得太过俗气，也要避免。

禁忌6：露趾鞋

流行的"露趾鞋"，一直是时尚圈争议的焦点。虽然很多人认为露趾鞋已可登大雅之堂，国外女星甚至还穿去赴宴。不过，专家还是建议能免则免，因为你不知在面试场合上，会不会遇上思想老旧的面试官。

【职业思考】

分小组、分角色，按照正确的礼仪模拟招聘及面试过程，并给出评价（见表5-1）。

表5-1 模拟招聘及面试过程评分表

礼仪项目	评　　分	综合评价

第六节 网络应聘

网络应聘带来的麻烦

某学院女学生李某通过网络将个人应聘资料发出后,不仅被骗走了近300元钱,而且自己的私人资料和相片还被发在色情网站上,整天有陌生人打来骚扰电话。

据李某说,由于毕业离校的日期将近,她向数十个求职网站逐个发送了详细的个人资料。为了让个人资料更"精彩",她还在求职简历上附上了个人生活艺术照片。几天后,一家"外贸公司"打来电话,说对她的情况比较满意,对方在电话里用英语和她进行了一些对话后,表示基本同意聘用她为公司的董事长秘书。

当天下午,李某又接到该"公司"的电话,对方称经过公司研究,为考验应聘人员的应聘诚意,愿意参加公司面试的人员在5月20日之前交280元。面试不合格,当场返还所缴款项;面试合格,即签订用人协议,上班当天返还280元。当李某寄出了280元所谓的"诚意考验费"后,却怎么也联系不上"雇主"了。

正当李某大呼上当时,更让她感到害怕的事发生了。一到晚上,她就接到陌生人的骚扰电话。经询问,李某才明白,这些骚扰者都是在一个色情交友网站上看到了她的相片和资料才打来电话的。于是,她只能更换了手机号码,但是又担心真正的招聘单位无法联络她,她原先投递的应聘材料都将报废。同时想到她自己的相片还在色情网站上贴着,她就有莫名的烦躁和恐惧。

笔者观点

网络应聘在给毕业生带来便利的同时,也存在着极大的风险。中职生通过网络应聘时,一定要擦亮眼睛,辨别真伪。

网络招聘,一个并不新鲜的名词,排除了时间、地点、金钱的限制,网络招聘获得了更多的受众。上海人才热线最新资料显示,近期网络招聘单位和个人求职者的数量都以超过70%的速度直线上升。其中,职校生的增长速度尤为明显,以超过75%的数量急剧猛增。国外某家具公司驻华办事机构招聘木质家具质量监督员、成品沙发/沙发套质量监督员等职位,岗位专业性强,综合要求高,信息在浙江人才网上发布不到3天,就有1375人次的点击量。

一、网络应聘的优势

网络招聘之所以发展迅速,和传统招聘相比,具有以下优势。

1. 信息多

与应聘职位相同或相近的职位非常多,少则几十条,多则上百条、上千条可供选择。

2. 用时少

参加传统招聘会大都需要大半天时间,且旅途劳顿;网络招聘则可以足不出户,不必风吹日晒,就能及时浏览到大量最新的职位需求信息,从而做出快速反应。

3. 范围广

网络招聘不仅可以查找到申请人所在城市的职位,而且可以跨地域寻找其他城市的工作岗位,非常方便。

4. 成本低

传统招聘方式需要制作简历,打印简历,再加上照片、门票、来回交通费用,一场下来至少要几十元甚至上百元。网络招聘则大大节约了成本,只需一点电费,扫描一张照片(甚至不用扫描),几元钱就能搞定。

5. 应变快

网络上的招聘信息每天都有新动向,可以根据自己选中的公司和职位,对网络简历做快速改动,避免了招聘会上对不同职位无法做相应变动的尴尬和遗憾。

二、网络应聘前的准备工作

(1) 拥有一台计算机或者一个上网方便的地方,这是最基本的条件。

(2) 要掌握基本的网络知识,包括如何进入并顺利地浏览网页,如何使用网络搜索工具,还要学会理解网页上的语言等。

(3) 准备电子版照片1~2张。如果没有数码照片,请事先把纸版照片扫描。照片应该选择生活照,不能是艺术照。

(4) 各种学历证书、职业资格证书以及所获奖励的有关材料要准备齐全。

(5) 要把近期学习阶段所学课程进行总结,比如把学习期间所学专业课程、在校期间接受的各种培训等方面的内容归纳一下。

三、网络应聘成功六要素

毫无疑问,网络招聘已成为大部分企业的首要招聘方式;网上求职也已经成为大部分求职者的最重要的求职手段。与此同时,招聘经理为堆积如山的简历发愁——虽然收到的简历很多,但真正适合的人才很少;求职者为网络求职的盲目和可怜的反馈而发愁——怎么就没有能给自己面试机会的企业?

那么,如何才能在网络时代让自己的求职更高效、更快速、更成功呢?网上求职有其特殊性,只有尊重其客观规律,才能获得成功。网上求职的规律主要表现为以下六个方面。

1. 要有针对性

不管是递交书面简历还是电子简历,针对性都应该是简历投递的第一要素。针对性体现在三个方面:针对自己的职业定位与生涯规划选择真正适合自己的岗位;针对特定的岗位设计有针对性的简历;根据岗位性质使用针对性的语言。其中最重要的是准确的职业定位,很多人无法充分表达"针对性",其根本原因就是职业定位不清。

在此还要特别提醒:不要同时在一家公司应征数个职位。因为对公司来说,重复阅读相同的简历不仅浪费时间,而且很容易让他们觉得应聘者其实根本不知道自己到底想做什么。

2. 用准关键词

随着智能化技术在招聘中的应用,关键词的设置显得越来越重要了。越来越多的企业,特别是一些大公司,通常都会用智能化的搜索器来进行简历筛选。很显然,从企业的角度,这会大大降低招聘成本;但对于求职者而言,无疑降低了求职的成功率。所以,如何分析所应聘的岗位可能需要的一些关键词信息,就显得很重要。有些信息是必需的,如高校名称、行业类别、特定的知识/技能(比如知识管理、助理会计师等)。

3. 讲求诚信

不讲诚信给社会造成了很多损失,也给企业招聘造成了大量成本的浪费。确切地说,企业人事经理很讨厌应聘过程中的造假行为。有就是有,没有就是没有,即便欺骗过了第一轮,也通不过后期审查。求职者这样做会降低自己的诚信度,不但进不了公司,还浪费了大量的时间,而且这些公司之间会互通有无,以后想在这个行业找到好工作都很难了。

4. 不断更新

勤快地刷新简历至少有两个好处:一是表明求职学生现在正在求职,而不是让人感觉求职学生是找了很长时间工作找不到的;二是当招聘人员在搜索人才时,符合条件的简历通常都是先按刷新的时间顺序排列的,他们一般只会看前面一两页。

很多求职者其实并不知道刷新简历可以获得更多的求职机会,因此每次登录,最好都刷新简历,刷新以后,就能排在前面,更容易被找到。

5. 简历要易读

招聘负责人不会有太多的时间停留在求职学生的简历上,更重要的是,求职学生不能让招聘经理看了自己的简历后感到厌烦,所以让简历易读显得很重要,而不是轻易地被删掉。

6. 准备一份求职信

求职信集个人介绍、自我推销和下一步行动建议于一身,它总结归纳了履历表,并重点突出求职者的背景材料中与未来雇主最有关系的内容。一份好的求职信能体现求职学生清晰的思路和良好的表达能力,也就是说,它体现了求职学生的沟通交际能力和性格特征。

如果求职学生想通过应聘资料使招聘单位进一步感受到自己"鲜活"的形象,想让未来的雇主知道自己适合这份工作的理由,可以在应聘资料中增加一份"求职信"。

四、网络应聘注意事项

针对涉世未深、急于求职的毕业生,网络应聘是一种便捷的求职方式,但是任何事物都有利有弊。由于网络的安全性无法控制,个人或企业在网络上输入的信息有可能被他人窃取利用,同学们要充分了解网络应聘的弊端,以防给自己带来麻烦甚至危害。

1. 网络招聘的弊端

1) 信息虚假

虚拟的网络世界给少数虚假信息提供了可乘之机,对求职者和招聘者双方来说,都存在对虚假信息的担忧。

2）无效信息多

有些网站为了提高点击率，将一些过时的招聘信息发布在网上，使得求职者常常看到大量过时、失效的信息，劳而无获。

3）资料泄露带来麻烦

不少求职者会突然接到一些自己从来没投过简历的保险公司或传销公司的电话，还有些人发现，自己用来求职的照片被放在了不法网站上。

2. 典型的网络招聘陷阱

骗子惯用的伎俩通常是先在网上公布一些薪酬诱人的"招聘信息"，利用求职者急于找到工作的心理，要求求职者汇款到指定的可以全国通存通兑的账号，钱一到账立刻就被取走，公安部门难以追查。近年来，北京、上海、西安一些高校的毕业生在网上求职就遇到了"雇主"以录用后需要进行职位培训，要求购买培训教材为由，被骗去钱财，而此后"雇主"就再也没有任何消息了。

3. 如何防范网络招聘陷阱

法律专家提醒，由于我国相关法律还不健全，遇到网络诈骗很难提取证据，维权困难，所以要防患于未然。那我们如何来做呢？

1）要有针对性地选取正规、知名的网站

因为正规网站在发布人才需求信息时，都会仔细验证招聘单位的真实性，要求招聘单位提供单位营业执照、办理人员的身份证件以及加盖公章的单位证明等，信息来源比较可靠。

求职者在登记电子简历时，虽然要保证资料的真实性，但要注意对某些资料的保密，不要随意将自己的生活照、艺术照发到网上，必须用照片时最好用标准两寸照。

2）尽早进行真实接触

职校生要选择适合自己的职位，对自己投递简历的公司要多了解。求职者根据自己的求职意向，有针对性地访问一些公司网站进行查询，或致电相关部门确认，核实用人单位的真假。同时，尽快进入供求双方的真实接触阶段，增加招聘的可信度。

3）捂紧口袋，决不掏钱

在任何情况下，都不要向任何网上"雇主"发送自己的社会保险账号、信用卡号及银行账号。女生不要在没有了解该公司真实情况的前提下去单独面试。无论哪种形式的面试或预约，在出门前，一定要给家人或亲朋好友留下要去的招聘单位的详细地址和联系电话（包括固定电话），以备查用。

网络招聘平台别变成诈骗横行的"温床"

记者从中国裁判文书网搜索到近年60起通过58同城、赶集网发布虚假招聘信息的诈骗案例中，248名被告人通过发布虚假招聘信息诈骗，超过5500名被害人受骗，诈骗金额近亿元，甚至有人落入卖淫窝点、诈骗集团。

有为数众多的求职者通过58同城、赶集网等网络平台寻找工作，也有很多人通过这些网络平台发布招聘信息，但在这些网络平台上究竟有多少信息是真实可靠的呢？从中国裁判文书网公布的虚假招聘信息诈骗案例来看，58同城、赶集网等网络平台上有为数不少的虚假招聘信息横行。

从判例来看,诈骗金额最高的一份判例中,受害者 2000 余人,被骗中介费共计 6270 万元。而且中国裁判文书网统计到的还只是其中的一部分,很多受骗者囿于维权成本高,选择忍气吞声,让一些诈骗分子得逞。

这些虚假招聘信息花样百出,如以各种名目要求应聘者交纳各种费用,如岗位保证金、加油卡押金、IC 卡费、服装费、办卡费、伙食费等;另外,更常见的是让应聘者交纳体检费用,而这样看上去也很合理,甚至还有医院与骗子合作分成,进行诈骗体检。

而在 58 同城、赶集网、前程无忧、QQ 群、招聘网站等地方,还会经常出现"招聘兼职打字员""淘宝客服"的虚假广告,这种兼职套路是网络招聘诈骗的惯常手段;此类兼职诈骗,甚至还出现了诈骗集团;还有诈骗分子以出国务工为诱饵进行诈骗。2017 年 12 月,杭州中院就判决过一起涉案金额 6000 余万元、受害人数 2000 余人的出国务工诈骗案例。

最让人瞠目结舌的是,58 同城、赶集网甚至还成了卖淫嫖娼违法犯罪的"温床"。一些卖淫组织团伙盯上了这些网络平台的开放性,通过平台招聘女公关,实际上就是引诱、控制妇女从事卖淫活动。

这些诈骗分子还脱身有"术",当他们骗钱得手后,还会通过拉黑受害者,拖延、返还小部分诈骗款,刁难、恐吓甚至殴打受害者来"巩固战果"。本是解决社会问题,为用户提供便利服务的网络招聘平台,却变成了实施网络招聘诈骗、卖淫嫖娼等不法分子进行相关不法活动的工具。

网络招聘平台对此应该负有主管责任,对于在平台上发布招聘信息的用户,平台要能起到监管责任,而不能选择当"甩手掌柜",如要加强事前审核,核实发布者的信息是否真实可靠,还要加强事中、事后的监管与惩治,对发布不实信息尤其是利用网络招聘平台实行诈骗行为的发布者,要能依据具体情况做出处罚,对于发现涉嫌违法犯罪的,要能移交相关部门处理。

另外,监管部门要能督促网络招聘平台积极履职,对履职不力的网络招聘平台,要能予以相应处置,同时要加大对网络诈骗不法分子的打击力度;而应聘者也要多长一个心眼,谨防被骗,在被骗后要能及时向平台及公安机关举报,维护好自身的正当权益。通过各方努力形成合力,才能填平网络招聘平台上的招聘陷阱,不再让诈骗分子"鸠占鹊巢"。

(来源:齐鲁网)

【职业思考】

求职择业过程中,我们应该避免哪些不良心态?如何收集与充分利用就业信息,实现成功就业?面试前应做哪些准备?如何做好面试准备?

第六章
中职生创业

ZHONGZHISHENG
CHUANGYE

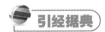

商圣——范蠡

他在商业领域中所表现出的非凡智慧和人格魅力，极受后世学者尊崇；他富有哲理的商业理论和令人叹服的经营技巧，则更为后世企业家津津乐道。他就是范蠡。

范蠡（公元前536年—公元前448年），字少伯，春秋时期楚国宛地三户（今河南淅川县滔河乡）人。他虽出身贫寒，但满腹经纶，文韬武略。在政治、商业领域均有卓越建树。

定位自我

周敬王二十四年（公元前496年），吴越发生了檇李（今浙江嘉兴）之战，吴王阖闾阵亡，因此两国结怨。周景王二十六年（公元前494年），阖闾之子夫差为报父仇与越国在夫椒（今江苏太湖中洞庭山）决战，越王勾践大败，穷途末路之际只得选择投诚，范蠡也身在其中。

尽管身陷囹圄，但范蠡深知"人待期时，忍其辱，乘其败"。他向勾践概述"越必兴、吴必败"之断言，并进谏："屈身以事吴王，徐图转机。"后来，越国复兴之日，勾践拜范蠡为上将军。但范蠡"以为大名之下，难以久居，且勾践为人，可与同患，难与处安"，于是辞职不干，一去不返了。

范蠡辗转齐国后，又来到陶（今山东肥城），此地为贸易要道，于是他留在陶，自称陶朱公，抓准时机进行物品贸易。时间不长，他赚了大钱。

好好的"公务员"不干，偏偏创业经商，说明范蠡头脑是清醒冷静的，懂得审时度势；虽然腰缠万贯，却乐于仗义疏财，说明范蠡在商业活动中懂得如何提高威望，积攒人气；料知次子因财被杀，说明范蠡知人者智，自知者明。能够真正客观、科学、全面地认识自己，完善自己。以目标消费群的需求为出发点，精准定位，审视市场，选择市场。

顺势而为

范蠡将古代天文知识与五行学说结合起来，总结出了丰年与灾年出现的大概规律。他认为"岁星"即木星在十二年间分别经过金、木、水、火等方位而绕太阳一周期，同农业生产由丰年到灾年的一个周期是相吻合的。天时决定农业，天时变化是有规律的，所以谷物收成的好坏也是有规律可循的。农业社会，粮食价格的波动必然引起其他各类相关商品价格的波动，古时的贸易也以农产品为主，顺应这种变化规律来进行贸易，等于抓住了市场的关键环节，获利自然丰厚。范蠡按照时节、气候、民情、风俗等自然特点进行灵活差异的经营，一句话就是："人弃我取，人取我与；顺其自然，待机而动"。

在掌握了周期性规律之后，范蠡提出另外一个重要的商业思想，就是"待乏"。所谓"夏则资皮，冬则资絺，旱则资舟，水则资车，以待乏也"。夏天的时候要储备皮毛，冬天的时候要囤积薄纱，大旱之时就去造船，涝灾之时就去买车，一切都需提前准备，等待货物缺乏的时候，就可获取百倍、千倍之利。

与时俱进

春秋时值诸侯割据、战事不断,范蠡发现了一个巨大商机:吴越一带需要大量战马,同时北方多牧场,马匹便宜又剽悍。如果能将北方的马匹低成本、高效率地运到吴越,一定能够大获其利。问题是:买马不难,卖马也不难,就是运马难。千里迢迢、车马住宿费用代价高昂且不说,更要命的是时值兵荒马乱,沿途常有强盗出没。咋办?

范蠡认为,商人能够牟利的根本是消费者,对待百姓要存感激之心,予以其回报,这样消费者才更愿意与你打交道。经过一番走访调查,终于了解到北方有一个很有势力、经常贩运麻布到吴越的巨商姜子盾,姜子盾因常贩运麻布早已用金银买通了沿途强人。于是,范蠡就把主意放在了姜子盾的身上。在获知某天姜子盾将要经过城门时,范蠡写了一张告示张贴在城门口,大意是,范蠡新组建了一只马队,开业酬宾,可免费帮人向吴越运送货物。果然,姜子盾看了告示之后主动找到范蠡,求运麻布。范蠡满口答应。就这样范蠡与姜子盾一路同行,货物连同马匹都安全到达吴越,马匹在吴越很快卖出,范蠡因此获得了巨大的商业利益。

事实上,假如当时有微博、微信,按照范蠡与时俱进的性格一定会@那些商贩,并加为好友,更说不定,他还会摇一摇,互动出更多的商业伙伴。沟通无时无刻不在,沟通也是一种全方位的价值创造过程。

"天道要求我们盈满而不过分,气盛而不骄傲,辛劳而不自夸有功。"范蠡堪称最懂中国文化的大商人。在范蠡的思想中,追求和谐的天道、地道、人道。这其中既包含有先天下之忧的儒家勇气,又有功成身退的道家思想。而这也是他被民间尊为"商圣"的重要原因。

本章导图

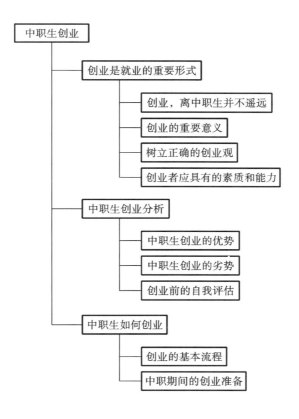

第一节 创业是就业的重要形式

马云是阿里巴巴创始人。马云从小就是一个"傻孩子"。小时候爱打架,打了无数次的架,全是为了朋友。马云在父亲拳脚下长大却特别爱交朋友。从小,马云功课就不好,只有英语特别好,高考数学第一次考了1分。高考失败,弱小的马云做起踩三轮车的工作,直到有一天在金华火车站捡到一本书,路遥的《人生》,这本书改变了这个"傻孩子"的想法:我要上大学。

1984年马云几番辛苦考入杭州师范学院。大学毕业后,马云在杭州电子工业学院教英语。1991年,马云和朋友决定创业,成立海博翻译社,结果第一个月收入是600元,房租是1500元。在大家决定放弃的时候,马云一个人背着个大麻袋去摆地摊,两年的摆地摊生活所赚取的资金,使翻译社走向盈利。1999年,马云的阿里巴巴创业经历开始,50万是18个人东拼西凑起来的。马云喊出了这样的宣言:我们要建成世界上最大的电子商务公司,要进入全球网站排名前十位!

当时中国的互联网竞争已经进入了白热化状态,50万,只不过是像新浪、搜狐、网易这样大型的门户网站一笔小小的广告费而已。阿里巴巴创业开始相当艰难,每个人工资只有500元,公司的开支一分钱恨不得掰成两半来用。阿里巴巴曾经因为资金的问题,到了几乎维持不下去的地步,但最终都在马云和团队的坚持和努力下走出了困境。2015年全年,阿里巴巴总营收943.84亿元人民币,净利润688.44亿元人民币;2016年4月6日,阿里巴巴正式宣布已经成为全球最大的零售交易平台;2017年8月3日,2017年"中国互联网企业100强"榜单发布,阿里巴巴排名第二位。马云和他的创业团队缔造了中国互联网史上最大的奇迹。

笔者观点

学历低是不能创业的借口吗?没有资金是不能创业的借口吗?……马云的创业经历告诉我们,创业首先需要的是创业精神。在当今的市场经济大潮中,中职生如果也想成为弄潮儿,不妨先想想:自己是否具备创业精神。如果具备,那就从现在开始,为创业做准备吧!

一、创业,离中职生并不遥远

(一)创业的定义

创业就是创业者对自己拥有的资源或通过努力能够拥有的资源进行优化整合,从而创造出更大的经济或社会价值的过程。

(二)创业的特点

对于一个真正的创业者,创业过程不但充满了激情、艰辛、挫折、忧虑、痛苦和徘徊,而且需要付出坚持不懈的努力,当然,渐进的成功也将带来无穷的欢乐与分享不尽的幸福。我们在毕业的时候,大多数是想怎么样找到一份好的工作和满意的工作岗位,很少会想到要自己创业。不少人认为,中职生离创业的距离太远了,其实不然,中职生的创业天地很广,可以在不同领域、不同行业中进行。在人才众多、竞争激烈的社会,这条途径值得我们鼓起勇气去尝试——自己当老板,自己创业!下面的故事会告诉你:创业,其实离我们并不远。

一

上学期,鄞州职教中心的学生创业平台"融创园"启动,首批入驻8家店铺,由学校提供店面和2000元启动资金。近日,这8家店铺获一公司老板的支持,重新进行免费装潢。这位阔气的老板不是"富二代",而是白手起家的创业者,他叫陈野,是该校2011届模具专业毕业生,现从事壁纸、吊顶等软装行业,开了两家公司,年营业额达百万元。

陈野,1992年出生,2008年进入鄞州职教中心读模具专业。

在校期间,陈野获得了"优秀职高生""优秀学生干部""优秀团员"等荣誉称号,2010年还获得了浙江省网络综合布线团体第二名。同年底,正当同龄人还在为学业忙碌时,陈野却不按常理出牌,选择当兵入伍,来到了四川武警达州支队三中队。

服兵役期间,陈野获得了四川武警达州支队三中队优秀士兵。

退伍归来,陈野有几个比较稳定的就业选择,但他全部推掉了,最终选择一条更有挑战性的道路———创业。

下定决心后,陈野并没有把他的创业方向局限于自己的专业,而是选择了销售。第一次经营服装,由于定位不准,很快就失败了。找到原因后,陈野重整旗鼓,拿着几万块的退伍金,找到同班同学作为合伙人,开始在软装行业摸爬滚打:租店面,进产品,拉渠道……草创之初,陈野做得最多的就是骑着电瓶车"扫楼"。

令人高兴的是,2013年初,陈野拉到了第一单大业务——一家酒店整幢楼的墙面装潢,并获得了创业"第一桶金"4万元的收入。

"这笔生意的成功,还要感谢自己当兵的经历。"陈野现在回想起来,依然觉得很有趣,"当时,客户看我走进来有军人的样子,就和我攀谈起来。后来得知他也当过兵,相同的经历让谈话非常愉快,因此轻松拿到了业务。"

不怕吃苦,创业成功回馈母校。

创业之路有甜也有苦,成功的背后,往往有着无数次的失败。

"一家一家跑业务的时候,由于是新公司,经常被拒绝,有时候甚至被当成传销。"创业的辛酸,只有陈野自己最清楚,"打了上百个电话,结果成功的,十个手指就能数过来。"

2013年,"菲特"台风造成宁波全市大部分地区洪涝。当时,陈野和一顾客约定好时间进行装饰,但客户店面门口有大量积水,出入不便。陈野就自己扛着产品,趟过积水,按时完成了工作。

2014年,他又创办了一家开展吊顶业务的公司,2015年他承接了高桥镇政府等单位合作集成吊顶业务,公司的人员规模也不断扩大。

前不久,他回到母校看望班主任,发现以前的创业一条街,如今已经变成更具规模的创业园,一家家风格各异的店面,让学生提早体验创业的过程。看着这个全新的创业平台,作为校友,陈野提出可以免费为学弟学妹提供软装服务。

"既然自己手上有资源,也想回馈下自己的母校,让学弟学妹的店面更加精致。"陈野说。

从墙面设计到挑选产品,从平整墙面到去除甲醛,陈野亲力亲为,短短两天时间,8家店铺墙面就换好了"新装"。

陈野透露,接下来,他会尝试各种新媒体营销,进一步拓展自己的业务。

二

我叫张倩,是广西××职业学校2004级的毕业生。2004年我考入职业学校,中专一年级时参加了多个社团,并在班中担任文艺委员。到了中专二年级时,因课程安排较少,所以想借此机会出去锻炼一下自己,每当周末我就和几个朋友去打一些零工,虽然工钱不多,但从中学到了不少东西,更重要的是让我了解到赚钱真的太不容易了。

某一天我和朋友正在逛学校附近的一个商业区时,发现这边的人流量挺多的,出于对服装的爱好,我们打算在这里开一家做学生生意的服装店。但一打听房价,我们就失去了一半的信心,一年两三万的房租对于我们三个并不富裕的学生来说真是天文数字了,更何况我们也没有百分之百的把握可以搞好这个店。但功夫不负有心人,在一条不起眼的小弄口有一间20平方米左右的小平房,因为上下课的时候有部分学生是经过这条小弄口的,所以我们觉得这是一个很有利的条件。接下来,经过跟房东几个回合的协商后,以9000元一年的房租定了下来,当时我们还不敢跟家人讲,所以用东拼西凑借来的18 000块钱开始了我们"经商"的第一步。为了节省开支,我们熬了三个通宵,终于亲手把我们的店装修一新,并取名叫作"衣社"。

2005年2月22日,我们的第一家店诞生了。为了大力宣传我们的店,我们在路边发过传单,在学校的宣传栏贴过广告,还多次赞助学校社团搞活动,以扩大我们的知名度。让我们没想到的是不到半年时间那条不起眼的小弄变成了有名的服饰一条街,也不知道是我们带动了小弄还是小弄带动了我们。在短短的一年时间里,我们的店由一家扩大到两家,两家扩大到三家。毕业后,我们并不满足于现状,虽然在学校的范围内我们有了一定的知名度和顾客群,但我们更想与社会接触。经过一段时间的调查和考虑,我们把下一个目标定在了桂林,一个旅游城市。经过调查,我们投资了50多万开了一家100平方米左右的中高档服装店,顾客群定位为20～35岁的白领阶层,以经营国际时尚品牌服饰为主。我们注册了商标,以服装连锁店的形式开始经营我们的店。

但在社会上开店真的比想象的难多了,压力也大多了。刚开始的时候我们的生意不好,急得我们像热锅上的蚂蚁,后来我们买了很多服装营销的书,借鉴了别人的优点,对自己的店进行了大规模的整顿,慢慢地生意也就好了许多。

现在我们的目标是自己设计服装并进行少量的加工生产,创建自己的品牌,日子过得很匆忙,因为我们在不断地努力中。

笔者观点

从陈野和张倩成功创业的轨迹,我们可以发现,中职生创业并非遥不可及,只要坚定目标,不断努力,创业一定行。

二、创业的重要意义

(一)创业是个人职业生涯发展的提升

案例启迪

比尔·盖茨,1955年10月28日出生,在西雅图长大。盖茨是家中三个孩子中唯一的男孩,排行第二。少年时代热衷于电脑游戏,富于想象力,14岁时不再上数学课,因为他已很好地掌握了数学知识。

1973年进入哈佛大学法律系学习,19岁时退学,与同伴保罗·艾伦创办电脑公司,直到后来创办了微软公司,自任董事长、总裁兼首席执行官。1998年1月,他将总裁一职让给史蒂夫·鲍尔默。2000年1月13日,他宣布不再担任该公司的首席执行官一职,以便从对公司日常事务的管理中脱出身来,集中精力推进下一代Windows因特网平台及其服务工作。

笔者观点

盖茨的创业经历告诉我们:我们一生的职业不是固定的,创业是就业的另一种模式。不同的是,创业者不是被动地等待他人给自己就业机会,而是主动地为自己或他人创造就业机会,从而实现自己的职业生涯发展。

目前,我们国家提倡和鼓励学生自主创业。自主创业,最重要的是要具有一种敢于开拓的创业精神。创办自己的企业,失败或成功都需要由自己来承担,在向自我和社会挑战的过程中,体会成功的喜悦,品尝挫折的烦恼,都是提升自我的一种体现。有人说创业是就业的最高境界。创业的过程实际上就是锻炼、提升自我的过程,是不断学习、不断提高、不断发展的过程。创业,可以使我们的知识越来越渊博,能力越来越强,意志越来越坚定,人生阅历和经验越来越丰富。

(二)创业可以缓解就业压力,为他人提供就业机会

案例启迪

李嘉诚,长江实业、和黄集团、香港电灯、长江基建等集团公司的领导者,全球华人首富,全世界成功的华人企业家。14岁投身商界,22岁正式创业,半个世纪的奋斗始终以"超越"为主题:从超越平凡起跑;为超越对手努力;达到巅峰,超越巅峰;实现自我,超越自我。于是世人称之为"超人"。李嘉诚不仅是创业精英、商界巨头,而且在其创业发展路上,并购多家公司。辉煌业绩的背后隐藏着他艰辛的创

业之路:从钟表工厂的学徒,到每天工作 16 个小时的推销员,再到一家销售公司的经理;从借资金开办小厂,到成为"塑胶花大王";从房地产的老板,到香港首富。其间的艰苦创业经历和辛酸史只有他自己心里最清楚。如今,李嘉诚被认为是全球最有实力的华裔富商之一,成为全球富人榜上最有影响力的人物之一。

李嘉诚曾因为没有学历和专业知识而找不到合适的工作,但是通过自己的艰苦创业,成为全球富人榜上最有影响力的人物之一,同时他创办的企业,也解决了很多人的就业问题。对于他人来说,你的创业,如开店、办小型工厂等,所提供的服务和产品能满足人们的生活需要,并且在为自己谋得生存职业的同时为更多的人解决了就业的问题,从一定程度上减轻了社会的就业压力。

(三)创业有利于加快社会经济的发展

根据《福布斯》统计。盖茨这位电脑时代的"奇才",目前名下净资产为 466 亿美元,虽然仍大大少于他在 1998 年创下的 1000 亿美元的纪录,但是这样的财富,也已经超出常人的想象。也许这样计算会更容易理解:

盖茨每秒赚 250 美元,即每天赚 2000 万美元,一年赚 78 亿美元;

假如盖茨掉了 1000 美元,他也懒得去捡,因为他去捡要花掉 4 秒钟,这 4 秒钟已够他赚回 1000 美元;

美国的国家债务约 56 200 亿美元,如果由盖茨来还,他能在 10 年之内还清美国的债务;

如果盖茨将钱捐给地球上的所有人,每个人 15 美元,到头来,他还剩下 500 万美元零用钱;

假如盖茨是一个国家,他将是地球上第 37 富有的国家,或是美国第 13 大公司,甚至比 IBM 还大;

如果盖茨将所有钱换成 1 美元一张,可以建一条路连接地球和月球,来回 14 次,但你必须用 1400 年不停地建造这条路,而且用 731 架波音 747 飞机来运这些钱。

对国家来说,个人的自主创业可以促进经济需求的多元化、多样化发展。更多的个体户、中小型企业的加入,可以加强社会的良性竞争。新创业的加入,带来了新理念、新技术、新工艺,这就像给经济社会注入新鲜的血液,有助于产业结构的合理调整,增强经济活力,同时为国家创建税收,增添财富,提高国家的综合国力。

三、树立正确的创业观

(一)认识就业道路的可选择性

要改变传统的思想,打破只有进入一个单位、一个企业工作才算就业的旧观念。其实,目前就业的形式是多样化的。打零工是就业,做自由职业者也是就业,如开汽车美容店、淘宝店、机械零件加工厂等,因此,中职生对待就业需持乐观态度。中职生有创业激情,但由于经验欠缺、能力不足、没有原始积累等原因,创业成功率较低。因此,中职生千万不能好高骛远,要具备草根精神,首先解决自己的吃饭问题,而后腾出时间去观察社会、了解社会,从而找到更有价值的创业线索,这就是所谓的"骑驴找马"。一方面,在企业打工或实习时,不要只满足于做一名普通员工,而要用高标准严格要求自己,积累相关的经验,为自主创业奠定基础,俗话说得好:"不想当将军的士兵不是好士兵。"另一方面,业余时间多参加创业培训,积累创业知识,接受专业指导,为自己充电,提高创业成功率,最可靠的是爱好某种工作,先去从事它,从底层做起,熟知各个环节后,再看看是否能从中找到一些易于实现的商机。

(二)认识创业道路的多样性

不要盲目认为创业高不可攀。别人能从穷光蛋变成腰缠万贯,我为什么不行?不要认为有钱才能创业。许多创业成功者都是从零起步的,创业思维比金钱更重要。财富就在人的头脑之中,你的头脑就是一个金库,关键看你是否会开启它。创业的路子很多,有投巨资的创业,也有不花钱的创业;有团队创业,也有独立创业。关键是思路是否正确。人们的需求是多种多样的,这种需求达到一定数量就构成了市场。所以,创业的路子也是多种多样的,要学会寻找创业机会,学会开发市场。现今的创业市场虽然商机无限,但对资金、能力、经验都有限的职校生创业者来说,并非弯腰就能拾到财富。在此情况下,创业者只有根据自身特点,对市场进行分析,找准"立锥之地",才能闯出一片真正适合自己的新天地。必须具备敏锐眼光,生意场上,眼光起了决定性作用,很多资金不多的小创业者都是依靠准确抓住某个不起眼的信息而挖到"第一桶金"的。创业机会并不会轻易地清晰显现出来,必须由创业者进行市场分析发掘。

(三)认识创业能力的可塑性

创业者要有一定的能力。一些人认为创业能力是天生的,有的人是老板型,有的人是学者型,有的人是官员型,自己属于老实巴交的百姓型,不属于创业型,没有这份能力。比尔·盖茨算什么型?他至今还是个不修边幅的百姓型,充其量是个学者型,但是他却是全世界第一大企业家。人不是生下来就适合做这个或适合做那个的,创业能力是自我学习和环境条件决定的,创业能力是可塑的。创业能力首先表现为一种动机,一种精神,也具体表现为思维能力、决策能力、沟通能力、运作能力、经营管理能力及学习能力,所有的这些能力也不是先天就有的,而是后天教育和培养的结果。因此,创业能力对于每一个人来说,不是有没有的问题,而是能否正确认识和自觉开发这种能力的问题。

(四)认识创业的风险性

创业具有一定的风险性,创业的过程就是充满风险的过程。经过一系列的市场调研后,原始的创意可能被无情地否定。从技术到产品的过程,小试、中试都可能失败。在无情的市场竞争中,产品的营销、对手的竞争等,任何一个环节的失败都可能使企业受挫。任何一种风险都会造成物质和精神上的损失,很多风险和损失都是需要创业者个人来承担的。在国内创业的企业中,寿命少于5年的达61.9%,在10年之内面临淘汰命运的达80%以上。事实上,国内将近60%的创业失败率正说明了创业的艰难度和风险性。创业成功率之所以如此之低,是因为绝大多数的创业者在初次创业时都没有什么经验。因此,中职生创业要树立正确的创业观,要辩证地看待创业。创业者既要看到创业成功之后的收获、掌声和荣誉,同时也要充分评估创业的风险,实事求是地分析自己所具备的创业能力,做好承受挫折和失败的心理准备。

穷爸爸建议为企业而工作,富爸爸建议拥有自己的企业。穷爸爸鼓励成为聪明人,富爸爸则鼓励雇佣聪明人。

穷爸爸爱说:我可付不起。富爸爸会说:我怎样才能付得起。

穷爸爸说:努力学习能去好公司工作。富爸爸则会说:努力学习能发现并将有能力收购好公司。

穷爸爸会说:我不富有的原因是我有孩子。富爸爸却会说:我必须富有的原因是我有孩子。

穷爸爸爱说:挣钱的时候要小心,别去冒险。富爸爸则说:要学会管理风险。

穷爸爸相信:我们家的房子是我们最大的投资和资产。富爸爸则相信:我们家的房子是负债,如果你的房子是你最大的投资,你就有麻烦了。

两个人都会准时付账,但不同的是穷爸爸在期初支付,富爸爸则在期末支付。

穷爸爸努力存钱,富爸爸则在不断地投资。

穷爸爸教我怎样去写一份出色的简历以便找到一份好工作;富爸爸则教我写下雄心勃勃的事业规划和财务计划,进而创造创业的机会。

穷爸爸之所以穷不在于他挣到的钱的多少,而在于他的想法和行动。要学习挣钱,去了解钱的运动规律并让这种规律为我所用,不为钱工作,让钱为我工作。钱是一种力量,但更有力量的是有关理财的教育。钱来了又去,但如果你了解钱是如何运转的,你就有了驾驭它的力量,并开始积累财富。

四、创业者应具有的素质和能力

(一)创业者应有的素质

1. 信心和野心

法国媒体大亨巴拉昂于1998年去世。他在遗嘱中把100万法郎作为奖金,奖给揭开贫穷之谜的人。在45 861封来信中,只有一位名叫蒂勒的小姑娘猜中了谜底。那个小姑娘说:"穷人最缺的是自信心和野心!"这个谜底震动了欧美,几乎所有的创业成功的人都承认:没有自信心和野心就没有今天的财富。

因为自信心和野心,所以不甘心,所以创业,所以行动,所以成功,这是大多数白手起家的创业者走过的共同道路。套用一句伟人的话:"欲望是创业的最大推动力。"

创业是艰难的,在创业的过程中难免会遇到这样或那样的苦恼、挫折、压力甚至失败,这就要求创业者必须具备承受挫折、迎接挑战的心理素质,而这些素质的培养就要靠增强自己的创业信心。对创业者来说,必须树立这样一个理念:你一定会赢。困难、挫折乃至失败,都是暂时的,关键是如何吸取教训继续前进。哪一天你的自信没有了,你泄气了,那一切也就完了。创业难,守业更难,即使成功创业之后,也要苦心经营,这更需要良好的心理素质。总之,只有具有百折不挠的精神,才能到达胜利的彼岸。

2. 勇气和胆量

Rain 出生于韩国一个不知名的小镇上,由于家庭贫穷,他一直都缺乏胆量。上小学的时候,他上课甚至从没有回答过一个问题。有一次,学校组织学生进行游泳比赛,他就站在河床边,战战栗栗地不敢向前一步。他的母亲知道这个消息后,非常生气。尽管她刚做了一次手术,身体很虚弱,她还是把孩子带到河边,指着滔滔河水说:"跳下去。"他吓得赶紧往后退:"我没练过游泳,我怕。"母亲拍着他的肩膀,耐心地说:"孩子,你要明白,很多时候我们之所以不能成功,就是因为我们缺乏胆量。我也不会游泳,但凭着自己的胆量和恒心,我一定会成功。"说着,脱下鞋子,跳进了水中。勇敢的母亲在被水连呛了几次后,竟然奇迹般地浮了起来。从这以后,Rain 拥有了追求成功的胆量和勇气。18 岁,他认识了音乐资深制作人朴轸永。他立志要做亚洲顶级的艺人。2002 年,他推出一张个人专辑,囊括了几乎全韩国媒体新人奖项。他在"第 45 届储蓄之日"上荣获总统勋章。如今的 Rain,更是以强有力的精湛舞蹈和清新的音乐风格成为年轻人心目中的"天王"。在回顾成长之路时,他百感交集地说:"是勇气和胆量让我走向了成功。"

笔者观点

创业本身就是一项冒险活动。要有胆量,敢下注,想赢也敢输。创业是最需要强大心理承受能力的一项活动。创业者一定要分清冒险与冒进的关系,要区分清楚什么是勇敢,什么是无知。无知的冒进只会使事情变得更糟,使行为变得毫无意义。

3. 与他人分享的心态

富士康老总郭台铭只用了短短几年时间就将自己的鸿海精密集团办成了首屈一指的大企业,各地的订单如同雪花一样飞来。有一年年初,郭台铭接到一笔大订单,企业的高层为这个订单兴奋不已。一旦完成这个订单,集团将迅速扩大。然而,郭台铭突然做出了一个让大家意想不到的决定:他准备向几个关系不错的同行发出邀请,希望大家能和他一起完成这笔订单。郭台铭的决定刚一宣布,集团里立刻响起一片反对声。在股东大会上,郭台铭耐心地向大家解释自己的决定。他说:"我们的利润正高速增长着,可我们和同行之间的关系却越来越差。很多同行的生意已经到了举步维艰的程度,对我们的怨言越来越多。我们不仅要想着怎么赚钱,而且要学会和别人一起赚钱,为我们营造一个更好的经营环境。"

郭台铭的举动产生了巨大的影响。人们被他的行为深深地震撼,他和他的企业也迅速成为人们茶余饭后谈论的焦点。

几年后,郭台铭的经营遭遇到危机。当企业陷入困境时,当初郭台铭帮助过的同行纷纷伸出援手。有很多根本不认识郭台铭的人,也竭尽所能地给予帮助。那次的危机让郭台铭的企业再次成了万众瞩目的焦点。人们惊奇地发现,这个商人的人缘和魅力,居然可以使他得到那么多人的帮助。

笔者观点

郭台铭今天能够成为台湾地区首富,和他懂得与他人分享是分不开的。成功来源于与人分享。一个不懂得与他人分享的创业者,不可能将事业做大。分享不是慷慨,对创业者来说,分享是明智。

4. 超乎想象的忍耐力

案例启迪

巴黎有个年轻的画家,他倾尽家产,在巴黎著名的艺术街上开了一家画廊,展示自己的作品。这条艺术街很有名,许多大腕画家都在这里展示作品,不少价值不菲的艺术品都是在这里被买走的。画廊开张后,年轻的画家才发现,这条艺术街上已有太多的画廊,除了几家装饰特别讲究的知名画廊外,像他开的这种小画廊根本没有什么人光顾。

苦苦支撑了几个月后,画家决定关掉画廊。关门前的这天下午,心情烦闷的他来到街头一家小咖啡馆。望着来来往往、络绎不绝的客人,他一声不吭地喝着咖啡。他发现,这虽然是一家小小的咖啡屋,客流量却相当大。他脑子里突然闪过一个念头:为何不在艺术街上开一家咖啡屋?

一周后,艺术街的一个角落出现了一家小小的咖啡屋,虽然并不显眼,但咖啡的香气足以吸引过往的行人。当人们走进咖啡屋,坐下来喝咖啡的时候,惊奇地发现,咖啡屋的墙上挂满了一幅幅精美的画作。边品尝可口的咖啡,边欣赏动人的画作,客人陶醉了。年轻画家的咖啡屋在艺术街上一炮打响,门庭若市。来喝咖啡的客人中有不少艺术品投资者,纷纷问起这些作品的来历。不久,"咖啡屋的老板竟是画家"的消息在艺术街上传开了,年轻画家的咖啡屋名扬巴黎,他的作品被抢购一空。

笔者观点

创业的过程就是在不断的失败中摸爬滚打,只有在失败中不断积累经验财富,不断前行,才有可能到达成功彼岸。美国3M公司就有一句关于创业的至理名言:为了发现王子,你必须与无数只青蛙接吻。对于创业者来说,必须有勇气直面困境,敢于与困难"接吻"。在创业的路上,付出怎样的代价,付出怎样的努力,忍受了多少别人不能够忍受的憋闷、痛苦甚至是屈辱,这种心情只有经历过创业的人最清楚!

5. 善于把握外部形势

案例启迪

1988年,长虹日营业额均在200万元以上,然而当年12月9日销售额骤减,许多人都感到不解。倪润峰拿起12月中旬的一份《经济日报》时,看出问题的症结:国家将对彩电征收消费税。此税摊在谁头上?各商家一片惶恐。倪润峰果断决策:抛开商家,直接向消费者零售。在商家和绝大多数厂家观望时,长虹利用元旦、春节创造了回笼资金1.5亿元的"长虹神话"。同行在羡慕之余,不得不佩服倪润峰对经济规律的深刻认识和强烈的市场意识。

笔者观点

势分大势、中势、小势。创业的人,要研究政策,一定要跟对形势,这是大势。中势指的就是市场机会。市场上现在时兴什么、流行什么,人们现在喜欢什么、不喜欢什么,这些可能就指明了你创业的方向。小势就是个人的能力、性格、特长。创业者在选择创业项目时,一定要找那些适合自己能力,契合自己兴趣,可以发挥自己特长的项目,这样才有利于做持久性的、全身心的投入。

(二)创业者应有的能力

1. 人际交往能力

案例启迪

记者:"有报道说你最初曾欠了200万的债,后来危机是如何解决的?"

李静:"嗯,那段时间一直在借钱度日,甚至抵押房子,最多的时候欠了200万,后来拉到了一单350万的电视广告,整个人才从危机感里面解脱出来。节目做得有眉目的时候,我开始想有这么多的朋友资源,是不是可以干点别的什么事情,于是开始创办自己的'静家族',组建一个年轻的主持人群体;创办'乐蜂网',开始卖国货。乐蜂网两年赚了1亿。"

笔者观点

每一个人创业,都必然有其凭依的条件,也就是其拥有的资源。一个创业者的素质如何,看一看其建立和拓展资源的能力就可以知道。

2. 创新能力

案例启迪

早在19世纪30年代,中国的瓷器茶杯就已打入欧洲市场。虽然其漂亮的外观、柔和的质地得到了欧洲人的认可,但欧洲人只喜欢看,却很少有人买。中国的瓷器商人百思不得其解,最后只好放弃了欧洲市场。

当时,一位中国瓷器的爱好者和收藏者——日本的稻本一男,正在欧洲游历。他看到中国瓷器茶杯被束之高阁,也很是费解。经过一番调整,稻本终于弄清了原因:传统的中国茶杯口一样高,而欧洲人鼻子大,喝水的时候,鼻子常常将杯子挡住,必须仰头才能喝完杯里的水,用起来非常不便。稻本一下子发现了其中的商机,兴奋不已。他把茶杯口设计成斜口,把图纸样式交给中国厂家,从中国订货,再运到欧洲。正当中国人笑话稻本设计的茶杯不伦不类时,斜口茶杯早已在欧洲市场上供不应求。就这样,没有茶杯工厂的稻本一举成为欧洲有名的茶杯大王。

 **笔者观点**

商场如战场,一个有勇无谋的人,早晚会成为别人的盘中餐。创业是一项斗体力的活动,更是一项斗心力的活动。创业者的智谋,将在很大程度上决定其创业的成败。尤其是在目前产品日益同质化、市场有限,竞争激烈的情况下,创业者不但要能够守正,更要有能力出奇。

3. 灵活应变能力

 **案例启迪**

浙江恒柏集团董事长、总裁夏柏潮是一位市场竞争中的佼佼者,他在激烈的市场竞争中,顺应潮流,不断变换经营策略,使企业在短短几年里发展成为具有一定规模的跨国集团,为社会创造了巨大财富。

一次,他去上海出差时,发现上海各大市场的沙发布严重脱销。同时,他又得到一个消息:陕西宝鸡一家国有棉纺大厂的棉纱严重积压。这两个"严重"使他捕捉到了合作的机遇。于是他连夜赶赴宝鸡,与正为大量积压犯愁的棉纺厂厂长一拍即合。宝鸡厂方同意先发20吨棉纱,货款3个月付清。夏柏潮利用这3个月的时间差,立即将棉纱织成了沙发布,销往杭州、上海等地,及时将货款如数付给了宝鸡厂方,取得了对方的信任。此后,只要夏柏潮发一个电报,棉纺厂就如数发送优质棉纱,前后共计发来200多吨,夏柏潮自给之余,还以平价卖给附近一些兄弟厂家。他巧妙地凭借大厂的支持,解决了原材料和流动资金的难题,同时获得了巨额利润。

 **笔者观点**

只有具有灵活应变能力的人,才善于根据市场的变化情况,及时改变经营策略,抢占市场,成为竞争的强者。

4. 管理能力

 **案例启迪**

亿万富翁摩根被人称为"银行大王",但令人不能理解的是他不知自己赚了多少钱,也不清楚自己有多少资产。一次,摩根先生因为某件案子与人对簿公堂,当律师问起摩根在1901年购买北太平洋公司1500万美元的股票一事时,有这样一段对话。律师问:"那些股票现在值多少钱?"摩根答:"不知道。"律师又问:"贵公司赚了多少钱?"摩根答:"不知道。""为什么不知道呢?"律师疑惑不解,但又穷追到底:"你是老板,怎么会不知道呢?说出来吧,究竟是100万还是1000万。"摩根还是坚持说:"我的确不知道,我当时没有细问,只是对我的代理人斯蒂尔说'买进',其余的事情我就一概不知道了。如果你们要知道详情,那么去问斯蒂尔,他会告诉你们一切。"这时,法庭为之肃然。摩根的回答体现了他统揽全局的领导艺术。摩根从小就在金融界工作,当他成为银行老板时,他利用过去丰富的经验管理各项工作。他挑选有才干的代理人,然后吩咐他们去做,自己就变得悠闲超脱。

 **笔者观点**

管好"一群人",需要创业者知人善任。将帅的胸怀贵在"用",必须学会"容才",这是知人善

任的前提条件;善于发现人才、培养人才和爱惜人才,充分调动员工的聪明才智和积极主动精神,是知人善任的根本所在。知人善任,能使创业者的组织指挥能力得到充分发挥,能使各要素与环节准确无误地高效运转。知人善任,还必须建立起和谐的内外部环境,创业者要善于妥善安置、处理与协调内部的人际关系,树立起自身和企业的良好形象。管好了"一群人",财务管理、质量管理、信息管理、合同管理等所有的管理才能不断创新和良性发展。

第二节　中职生创业分析

一、中职生创业的优势

1. 知识优势

中职生的专业理论知识扎实,有着熟练的专业操作技能;对新事物有较强的领悟力,有些东西一点即通;接受新鲜事物快,甚至是潮流的引领者;思维普遍活跃,运用IT技术能力强,能够在互联网络上搜寻到许多信息。

2. 年龄优势

"年轻是最大的资本。"中职生毕业时大多20岁左右,有着冲劲和干劲,敢想敢干,自信心较足,对认准的事情有激情去做。

3. 政策优势

近年来,为支持年轻的毕业生创业,国家和各级政府出台了许多优惠政策,涉及融资、开业、税收、创业培训、创业指导等诸多方面。

二、中职生创业的劣势

1. 经验劣势

首先,中职生缺乏社会经验和职业经历,尤其缺乏人际关系和商业网络。其次,容易"眼高手低",喜欢纸上谈兵,创业设想大而不实际。好高骛远,心浮气躁,看不起蝇头小利,往往大谈"第一桶金",不谈赚"第一分钱"。梦想着以后做大老板,创办大企业,成为像比尔·盖茨、马云等人那样的人物。另外,心理承受能力差,遇到挫折就放弃,有的学生在前期听到创业艰难,没有尝试就轻易放弃了。

2. 资金劣势

由于刚步入社会,毕业生没有稳定的收入和存款,缺乏创业资金。特别是家庭经济条件较差的同学,缺乏家庭的经济支持。即使能得到亲戚朋友的支持,资金也比较有限,缺乏贸易信用,融资借贷困难,无法得到银行大额贷款的权限。

3. 资源劣势

缺乏创业的物质条件,比如缺乏人手、店面、产品等;由于社会经验少,接触到的社会各个层面的人少,人际关系网窄;缺乏正规的经营管理理念。

三、创业前的自我评估

1. 审视自己创业成功的可能性

下面的资料可以帮助你进行创业自我评估。

（1）你是否具有一个能够振奋人心的愿景？这个愿景必须是远大且清晰的，除了能使自己兴奋，也能激发他人追随你一起创业的意愿。

（2）你是否具有强烈的创业企图？唯有强烈的企图才能化为持久的行动与坚持的毅力，没有强烈企图的人恐怕不太适合创业，这点创业者必须先要三思。

（3）你是否勇于承诺，愿意承担风险、吃苦耐劳？能够勇敢地在公开场合向大众做出承诺的创业者，他的决心与行动力就不会令人质疑。

（4）你是否看到一个具有潜力的市场机会？必须是一个潜力够大，且在可见的未来能够被实现的市场机会，当然也需要能够大略估计实现市场潜力所需要的时间与资源条件。

（5）你是否能提出一个明确可行且能够结合市场机会的创业构想？这个创业构想也必须要具有一定程度的创新以及具有市场竞争优势。

（6）你是否能发展出一个能够创造利润的创新经营模式，且能够描述经营模式中顾客界面、核心策略、资源能力、价值网络各要素的内涵与创造利润的可能方式？

（7）你是否拥有足以判断产业相关技术与产品发展的专业能力？

（8）你是否拥有足以经营管理一个新生企业发展的经验与能力？

（9）你是否拥有足以带领团队前进的领导能力与沟通能力？

（10）你是否拥有能够协助企业取得各项必要资源的网络关系能力？

建议创业者在考虑创业前，可以用这十个问题作为检测创业时机是否已经成熟的参考。许多创业失败的案例，都是因为创业者事前仓促起兵，而创业成功的概率如此之低，恐怕也与未能在创业前做好准备有关。虽然也有人主张，创业可以在失败中学习，不过如果失败是因为自己事前没有做好准备，那么这种失败还是会令人感到非常遗憾。

2. 审视适合你的创业模式

（1）从打工做起的创业模式。

案例启迪

1980 年，因高考语文一分之差，唐骏没有考上理想的大学和专业，这时的唐骏有些失落与苦闷，甚至有些自暴自弃。

1985 年，唐骏考上了热门专业的研究生，并靠着努力"钻营"获得留学日本的机会。

1990 年，唐骏赴美攻读博士，并先后创立了几家小型公司，如美国双鹰公司、好莱坞娱乐影业公司等。

1994 年，抱着"偷师学艺"的本意，唐骏放弃自己的"皮包公司"，担任微软总部 Windows NT 开发部门的高级经理。

2001 年，因工作出色，上海微软大中国区技术支持中心先后升级为亚洲区支持中心、全球支持中心，唐骏不仅担任全球支持中心总裁，还兼任微软合资公司——上海微创公司总裁等职务。

2002 年，唐骏出任微软中国总裁。

2004年,唐骏以微软中国终身荣誉总裁身份从微软辞职,并以260多万股股票期权出任盛大网络公司总裁。

2008年4月3日,盛大网络宣布,由于个人发展需要,唐骏将不再担任公司总裁一职。唐骏将转任公司CEO顾问,并继续担任盛大董事。盛大CTO谭群钊接替唐骏出任总裁一职。

2009年9月9日,唐骏以个人名义宣布加盟金和软件,并成为金和软件公司的董事成员和首席顾问。

2013年1月28日,唐骏在其个人微博上对外宣布辞去新华都总裁职务,离开新华都专注港澳资讯的业务,成为"港澳资讯"控股股东。

笔者观点

在回顾分析唐骏十几年来的职业生涯发展路线时,我们不仅看到了他如何依靠智慧与努力主动改变着命运,还看到了他成功光环背后的汗水。相信唐骏的故事对于我们每一个追求成长、希冀获得更大成功的人来说都是有启发的。

以未来个人创业为目的的打工,第一步要做出正确的选择,要选择自己喜欢的事做。在未来的创业路上你要付出几年甚至十几年的艰辛工作。一个人如果做自己喜欢的事,每天工作24小时也不觉得辛苦。如果是做自己不喜欢的事,每天工作1小时都是煎熬。

第二步要有目的地去学习和积累。要学习你所在公司和企业的管理知识、产品知识和营销知识,而不仅仅是你的岗位知识。要勤奋地帮老板做事,工作上做出优异的业绩,让老板喜欢你进而成为你的朋友,能够教给你他的"真经"。

第三步是充分利用好你的平台资源。要利用公司或企业的平台,广泛结交和积累人脉资源及其他资源。尝试利用现有的平台资源为自己做点事,先兼职或在职创业,奠定自己的事业基础,等各方面条件充分成熟以后,再脱离打工,开创自己的事业。

(2)捆绑成功人的创业模式。

创业成功的一个有效秘诀就是跟对人,跟成功的人做事。在你有创业打算后,就要找一个成功的人,想方设法地结交他。要有目的、有准备地用心去学习成功人如何做事,如何思考。要用心智去感悟成功人是如何成功的,因为成功是有方法和途径的。千点万点,不如明师一点,成功的最好的方法,就是学习成功人士的经验。

(3)从业务代表做起的创业模式。

先确定一个你日后要经营的行业和产品,在这个行业中选择一个好的公司,然后去做这个公司的业务代表。在你所在的城市为这个公司开拓市场,销售产品,进而熟悉这个行业,了解这个产品,拥有这个市场。条件成熟后从业务代表转换成代理商,开始自己的创业。

(4)摸石头过河的创业模式。

这种模式能满足你急迫的实现梦想、自己当老板的渴望,你马上就可以开始买卖创业。但这有可能是一条下策,这样的创业模式一定会让你走很长一段弯路,经历无数的挫折和失败。因此你要交更多的"学费",承受更多的孤独,遭受更多的误解,甚至在一次又一次的挫折和失败中,因丧失信心而最后放弃。你会一次又一次地走到歧路上去,需要在失败和实践中不断反思,不断修正自己,但还是起步早,磨难多,成功晚,一旦不能正确地修正错误,那将是一条不归路。

 **案例启迪**

年仅21岁的陆海平从江苏省常州技师学院毕业后,来到一家模具厂当起了学徒。

凭着在学校学到的理论知识和扎实的基本功,他很快就熟练掌握了模具制造等相关方面知识及操作技能,全面掌握了各个工序的加工工艺,成为厂里响当当的技术骨干。

一年以后陆海平和两个同学用借来的13 000元创业资金合伙独立办厂,走自主创业的道路。办厂以后,陆海平才真正体会到创业的艰辛,资金、设备、技术、厂房,各种困难像一道道屏障一样挡在他们面前。创业之初,他们在母校附近的原常州蔬菜研究所租用了一间蔬菜大棚作为车间,同时租用了两台机床,条件十分简陋,就这样,一个小企业就诞生了。很快,他们就凭借自己过硬的技术,用手工生产出了第一个模具产品,并迅速得到了客户的认可,逐渐打开了市场。但没过多久,考验便接踵而来。两个合伙人因各种原因先后离开,独立办厂的陆海平面临着更加严峻的挑战,客户跟踪、企业管理、技术攻关,等等,无不需要他亲力亲为。为此,陆海平开始了"苦行僧"式的生活——没日没夜地忙碌,没有娱乐,甚至连休息日都没有。他把自己所有的时间都放在了工厂里,他暗下决心,一定要做出一番事业,在竞争激烈的市场上赢得一席之地。

"用完美的技术服务满足顾客的要求",这是陆海平的服务理念。陆海平的售后服务是免费上门跟踪服务和给客户提供"附加服务",每次都能根据图纸或样品,以合理的成本为客户设计制造出满意的精密模具,并可应客户的需要,及时跟进,不断完善。由于产品精度高、质量优,陆海平的三泰模具厂很快就赢得了广大的市场和良好的口碑,为自己的企业树立起了诚信的金字招牌。现在的三泰模具厂已经拥有了800平方米的车间,4名专业技术人员,20余名技术工人,年产值近400万元,年利润率在20%左右,成为多家大型企业的配套厂家,逐渐在模具行业占据了一席之地。

 **笔者观点**

创业模式对于创业成功至关重要,稀里糊涂地创业注定是要失败的。有一个清晰的创业模式,围绕这个模式,构建良好的服务理念,才能聚集一群人同心合力地创业,才能有成功的可能。

第三节 中职生如何创业

案例导引

中职生李强在2011年辞职进行创业,虽然是头一次创业,但是他深知商海中的险恶。于是,在创业之前,他先进行了一番严格的市场调研,考虑到自身的经济实力,他选择了投入少、风险小、高回报的加盟连锁的方式。在选择加盟商方面,他颇费了一番心思,因为网上到处都是寻求加盟连锁的信息,但是信息的真实程度却很值得怀疑,于是,他对各个加盟店进行了多方面的对比,忙碌了两个多月,才最终选择了一种饰品进行加盟。加盟后,就是店址的选择。"选址是创业成败的关键",李强这样说,"要想赚钱,开店地点附近的调查千万马虎不得。尽管经营的业种不同,商圈的属性也不尽相同,但可以通过综合考察人流量、交通状况、区域特性等确定店址。"现在,李强的位于繁华商业街的饰品店生意极其火爆。如果问他成功的秘诀是什么,他会告诉你"做好前期调研"和"选择一个好的品牌加盟"!

笔者观点

中职生创业有自己的特点。无法回避的学识、阅历劣势给创业带来了一定的困难。但是,从李强的创业经历不难看出,劣势是可以通过积极思考和行动来弥补的。充分的思考和调研,往往可以让我们选择一条正确的创业途径。

一、创业的基本流程

1. 确立创业目标

创业目标是指创业者在创业过程中努力争取达到的预期结果。创业目标的内容包括三个层次:一是选择创业方向,确定干什么,比如是办修理厂还是开美容美发店,是开网店还是开服装厂,是个人独资还是合伙经营等。二是确定创业方法,准备怎么干。三是确定创业各个阶段的目标,明确创业要达到的预期结果。

2. 市场调查评估

在创业之前,切记不要盲目。要在了解个人性格特征、兴趣,清楚手头资金的情况下,进一步考虑所开设的店面要经营什么品种,需要什么样的条件等,并对所经营的品种的发展潜力进行评估,再决定是否进行投资。

加盟连锁虽然不失为创业的一条好途径,但在加盟时,整个投资不宜过大,要寻求利润高、投入少的小产品加盟,初次创业的人切忌加盟大的连锁项目。要选择有完善支持运营体系的加盟企业进行加盟,以取得系统的全流程的支持。

3. 拟订创业计划

一份企业计划书,既是开办一个新公司的发展计划,也是风险资本家评估一个新公司的主要依据。一份有吸引力的企业计划书要能使一个创业家认识到潜在的障碍,并制定克服这些障碍的战略对策。在硅谷,有些公司的计划书带有传奇色彩。例如,坦德姆公司在1974年制订的企业计划书中所做的销售额预测,与该公司1982年实现的销售额(2亿多美元)惊人地接近。而罗伯特·诺伊斯起草的英特尔公司计划书,仅用了一页纸。

4. 组建创业团队

企业的创办者不可能万事皆通,他可能是技术方面的天才,但对管理、财务和销售可能是外行;他也可能是管理方面的专家,但对技术却一窍不通。因此,必须要建立一个由各方面的专家组成的合作团队。一个平衡的、有能力的团队,应当包括有管理和技术经验的经理和财务、销售、产品设计等其他领域的专家。为了建立一个精诚合作、具有献身精神的团队,这位创业家必须使其他人相信跟他一起干是有前途的。

案例启迪

当电子游戏公司"活影"1979年开张时,主要创办人是来自唱片工业的吉姆和利维。吉姆和利维很快招来另外四个创办人合伙创业,他们是被阿塔里公司解雇的电子游戏设计师。活影公司得到了70万美元的风险资本,设计制作出了一种影像游戏机,风靡一时。1981年,其销售额迅速达到6000万美元。利维说,如果他的班子里没有那四个合伙创办人,他很难得到能确保活影公司开张的风险资本。

创业的核心是团队,团队的核心是合伙人。有一个好的团队,是创业成功的保障。

5. 筹集资金

常言道:"巧妇难为无米之炊。"开创新的企业,最大的困难就是怎样获得资金。大多数创业班子没有足够的资本创办一个新企业,他们必须从外部寻求风险资本的支持。

马化腾在深圳大学学习的时候,既是各种电脑病毒的克星,又能为学校电脑网络维护提供不错的解决方案。

毕业之后,马化腾进入深圳润迅公司工作。他是一个爱折腾的人,曾经自己承担起一个网站深圳站站长的角色。通过网络,马化腾结识了相当多的朋友,例如网易的丁磊就是他的老友。这对马化腾后来走上创业之路有很大的启发作用。他和朋友合作开发的股霸卡在赛格电子市场一直卖得不错,再加上业余时间炒股票挣来的70多万元,马的创业资金积累超过了100万元。

由于经常在网上使用国外的聊天软件聊天,马化腾产生了要开发中国的聊天软件的念头。而这笔创业资金的积累,也让马化腾有了创立腾讯公司、成为像丁磊那样的中国互联网巨富的念头。

1998年10月,马化腾辞职创办了腾讯。在决定做聊天软件的时候,国内已经有了两家公司先做,产品比腾讯更有名气。马化腾没有想太多,只是想着赶紧挣钱,他曾经想把他的项目卖给中华网,后者说要到3万用户才买。现在,他庆幸当初没有贸然行事。他经常这样告诫同行:"要在互联网上掘金就不能只看到眼前的利益。许多很有才华的网络人才往往因没有注意这一点而失去了长远机会。"

笔者观点

创业获得资金的方法有很多种,但是中职生创业的资金问题却没有想象中的那么容易。中职生创业的资金解决,一定要做到:提前规划好,不可盲目创业;多思考资金渠道,尽量使用风险最小的方式。

二、中职期间的创业准备

(一) 创业不可忽视专业

事实上,中等职业学校毕业生自主创业的天地很宽,有许多专业容易成为"老板"的发源地,比如汽车修理、珠宝加工、计算机、市场营销专业等。而相比之下,化工、精密仪器等专业就很少有自主创业的学生出现。这是因为化工、精密仪器是现代化工业生产的产业领域,个人很难有技术、财力和物力在这些行业进行投资和创业。而汽车修理、珠宝加工、计算机、市场营销需要的前期投入和准备则相对较小,比较适合初涉商海的学生"小打小闹"。所以如果你有明确的创业意向,在报考中职校专业的时候就要对专业有所考虑。此外,到生产一线,扎扎实实吃上几年"萝卜干饭"也很重要。正如夏晨所说的,不把这个行业的运行规律和市场摸透,贸然下海是要被"呛"着的。有志创业的学生,必须先去选定的行业中从基层做起,干上两三年,对这个行业熟悉之后再着手创业。一夜暴富的心态千万不能有。自主创业是时代发展的要求,改革开放为中职生提供了大好机会。"有志者,事竟成",只要努力,找准适合自己的创业目标,一定会成就一番事业。

案例启迪

跟很多同学一样,罗小玉来自农村,就读于某中等职业学校计算机专业。父母希望她通过职校的学习,能够在城市里找到一份体面并且能够照顾家里的工作。但是毕业后寻找工作的经历却让她非常失望,在计算机专业领域的范围里,竞争居然是这样激烈。好不容易找到的一份销售工作,却是她自己不喜欢的。也就是在做销售的时候,她开始萌发了自己创业的念头。但是她意识到自己没有资金,没有背景,要想在城市里创造一个属于自己的世界,事先必须有个统筹全局的事业规划和发展策略。于是她打算选择一种投资小、见效快的项目来实现自己的想法。她号召了几个同学,根据在学校学习的计算机专业知识,共同讨论了很多个方案,最后确定了"寻找客户并根据客户的软件开发需求编制软件,通过编制软件销售给客户,最终发展成为自主开发软件的公司"这样的发展规划。在创业初期,她们带着自己开发的一些小软件四处奔波,不放过任何一个潜在的客户。最初的奔波毫无成效,甚至有人想放弃,最终大家还是坚持了下来。当接到第一个项目——为一家少儿教育培训公司制作一套培训软件时,她们都激动得热泪盈眶。接下来是一个多月不分昼夜的工作,虽然都累得瘦了一大圈,但是产品验收合格了!她们知道自己向成功迈出了第一步!随着客户订单越来越多,她们也真正成立了自己的软件开发公司。在根据客户的指令做软件的同时也做市场调研,自主开发一些小型但实用的软件,再销售给与之相关的公司。因为没有钱,刚开始创业,根本不敢增加员工。所以在最初的一年里,公司不仅没有赢利,几个创业的"老板"也是分文未得,只有贴钱的份儿。虽然公司规模现在还很小,但是已经有了稳定的客户,再加上拥有自主开发软件的能力,应该说前景很好。

笔者观点

这个故事告诉想要创业但是没有足够资本的同学:成为创业者要改变思维,要明白不是从公司建立的那一刻起就必然会赚钱。创业最先要学会的,就是忍耐和坚持。要相信,只要真正有实力,坚持到底一定会获得回报!

(二)调整心态,培养各方面的能力

决定要创业后,我们应该往创业者应有的素质和能力的方向来有意识地培养自己各方面的综合能力。比如:分析和决策能力、沟通能力、忍耐和抗挫能力,等等。

(三)学习创业的有关知识

在校期间,利用课余时间上网或到图书馆查阅相关的创业知识,或阅读有关成功人士创业的书籍,从中总结经验和教训,为将来的创业打下基础。

(四)构建人际网络

所有人都知道,成熟的人际关系网络可以开拓更多致富的途径。为了建立有效的关系网,应该在平日的社交场合中广交朋友,拓展你的朋友圈子,尽量累积多元化的人际关系。今日的同学、亲戚、邻居、朋友、师长,将来有可能成为你的合作伙伴、客户,所以在校时应该注意与身边的人沟通,人际关系最重要的是平日的维护。

【案例启迪】

林红莉,一名广西某技工学校旅游专业的学生。因为她一直很喜欢旅游,读书时就选了旅游专业,在校期间也考了导游证。她另外还有一个爱好,就是很爱看书,涉猎面也很广。但是,由于家里经济条件不是很好,买不起新书,所以她经常去旧书店里淘书。毕业后,她顺理成章地做了导游。但是面对现在导游行业里存在的一些恶性竞争,她常常感到很无奈也很厌烦。于是,在休息的日子里,她还是延续着自己的爱好——看书。虽然工作后收入还不错,可以去买新书了,但总觉得去旧书店、打折书店里买书要实惠得多。因为书价不断上涨,很多读者,尤其是学生,其实很乐意去旧书店和打折书店淘书的。所以她毅然决定辞去导游的工作,自己开一家旧书店。在旧书店开张之前,她首先对自己将要开的书店进行了定位。来旧书店的往往都是真正爱书和需要书的人,比如经济收入一般的知识分子和数量众多的大学生和中学生。于是她选择了在大学比较集中的区域开店,并决定主营人文类、财经类、外语类书籍,形成自己的特色,而不一味地面面俱到。由于定位明确,她的"二手书店"很快吸引了周边大学的很多学生乃至老师。她在赢利的同时,也认识了很多志同道合的朋友,真正把爱好和事业结合在了一起。

【笔者观点】

对于创业者来说,无论打算涉足何种行业,也不论公司或者店铺的规模是大是小,重要的是,必须在创业之前,对自己所要涉足的领域有个准确的定位。要清楚地分析市场、客户、商品来源等因素,从而帮助自己做出正确决定。有了准确的定位,就意味着有了良好的创业开端。

【知识链接】

魔幻事业变出魔力人生

来自烟台机械工程学校的温云飞荣膺本届全市职业学校学生商业计划书大赛冠军,他将带着他的"魔幻奇迹主题馆"的项目,代表烟台参加11月25日在北京举行的全国创业大赛决赛。

温云飞的项目主要是围绕着魔术运营进行的,而之所以选择这个项目与他丰富的魔术表演经验分不开。温云飞从2009年开始学习魔术,之后他跟随着老师参加了许多场商业演出,表演经验非常丰富。因为痴迷和热爱,温云飞对魔术的钻研也日益加深。但是要成为魔术大家,温云飞清楚地认识到,必须要有自己的优势。于是他想到了开办一家魔术工作室,这样自己也就从打工者变成了创业者,而与个人的目标也就更接近了。很快,温云飞将想法变成了现实,他的"魔幻奇迹主题馆"诞生了。

温云飞的创业思路非常清晰,即围绕自己的魔术表演进行一系列的商业运作。魔术表演是温云飞这个主题馆的基础,在此之上是对魔术道具的制作和销售,紧接着是开设魔术培训班,温云飞想要达到的目标则是对新魔术和魔术道具的研发,从而形成一个产业链达到开办"魔幻奇迹主题馆"的最终目的。

现阶段,温云飞已经在进行商业演出的部分,并根据自己的表演穿插进行魔术道具的销售,其创业成果已经初步显现,温云飞不走寻常路选择不同以往的创业思路,赢得了众人关注的目光,也成功开启了他魔力人生的大门。

炫彩车模炫出第一桶金

一身黑色的西装搭配黑色的衬衫,王宇枫一出现在众人面前,这身职场达人的标准装扮,便给人一种干脆利落的感觉。介绍起自己的创业项目"旋风车模专营店"时,他平缓又带有自信的声调,又无形中增添了沉稳的气势,让人不自觉地跟随着他的思路注意起他的小店。

王宇枫就读于烟台信息工程学校,学习电子商务的王宇枫,在说起开车模专营店时表示,他最初只是为了男孩子喜爱汽车的梦想,但是参与到其中之后,才明白光有梦想是不能创业的,还需要有其他各方面的协助才行。

王宇枫认为,车模店并不是一个无法模仿的小店,但怎样在同质化的过程中让自己的产品与众不同,才是创业成功的关键。于是他找来了汽车专业的同学共同加入。"我喜欢车,我的伙伴熟悉汽车,我们可以有一个非常好的搭配。"王宇枫所说的搭配就是按照顾客的需求对车模进行改装。他的这一举措受到不少车模爱好者的青睐,小店的生意也逐渐红火,开业3个月便赢利4800多元,这人生第一桶金,大大超过王宇枫的预期。

尝到甜头的王宇枫,又把车模店开到了网上,区分了不同的顾客群,让所有光顾小店的人都能找到适合自己需求的车模。"我是学电子商务的,对网购这种形式再熟悉不过,运用好它对我的店未来的发展有很重要的意义。"王宇枫对未来满怀憧憬。

【职业思考】

模拟组建自己的公司,对公司成员进行分工,彼此互相介绍,并谈谈自己对公司的热切期望。

活动过程:

(1) 全班同学排成单行,按一、二、三、四、五、六的顺序循环报数。报数完毕后,按顺序每六人组成一组,建立自己的公司组织。每个成员轮流做自我介绍后,主动与公司的每一位成员握手或拥抱。集体讨论,为自己的公司起一个响亮的名字,拟一条富有积极意义的口号。

(2) 填写公司各个成员的分工及其职责。

(3) 描绘自己公司的前景。各公司派代表上台交流自己的创业思路。

思考问题:结合自身实际,找出自己的创业优势和劣势。

第七章
学会自我保护

XUEHUI ZIWO BAOHU

击鼓鸣冤

古代"维权"的方式——喊冤

第一种喊冤的方式是"登闻鼓"制度。这是吏民击鼓喊冤的一种方式,在衙门(汉代称牙门)的左侧置一大鼓,有冤者(往往是蒙冤被押犯的家属)可以击鼓喊冤,由官员加以记载上奏。这种制度起于汉朝。

第二种方式是拦驾喊冤。一般是喊冤者手举状纸,跪在皇帝、大臣或者官员车驾、轿子所经过的路上,拦驾喊冤,希望能够除恶扶善,平反昭雪。但是,由于官吏贪赃枉法者居多,因此,大多数官吏不问冤情虚实,一律先按"冲突仪仗罪"责打数十大板,对于不实者更是加重处罚。

第三种方式是临刑喊冤。一般是指被执行死刑的人在临刑时喊冤,以求监斩官明察申冤。但这种喊冤,在君主专制社会大多不被监斩官所理会。除了以上所提到的三种喊冤方式之外,百姓叫冤的方式还有很多,只不过除以上三种之外的喊冤方式都只是个别的适用,并没有在民间普及开来,所以没有在后世广为流传。

击鼓鸣冤之制的由来

相传,汉朝开国皇帝刘邦登上皇位不久,他有个侄子倚仗皇势在街上欺负民女苏小娥。有个身材魁梧的汉子,见到一大堆人欺负一个弱女子,看不过去,便路见不平,把皇侄的木棍打落在地。皇侄大发雷霆,遂令随从们动武。在打斗的过程中,一随从持剑本想刺杀大汉的,由于大汉机敏避开,却刺到皇侄身上,皇侄当场毙命。皇侄的家人知道后便把大汉告到官府,大汉被定处死刑。脱险的苏小娥得知后,决定到衙门申冤昭雪,但衙门戒备森严,怎么办呢?于是她想了个办法。小娥和妹妹持一小鼓、一小锣到衙门门前猛击,并连声高喊"冤枉!"后来这件事情满京城的人都知道,就传到了刘邦耳里,于是他下令亲自审理案件,弄清事情的真相后,案件得到了公正的判决,大汉终于洗刷了冤屈,无罪释放。

苏小娥击鼓鸣冤这一举动给了刘邦一个启示,为便百姓告状,他特下圣旨,命各级官署大门必须各置一鼓一钟,并规定钟鼓一响,官必上堂,借以显示便民、德政。就这样,击鼓鸣冤之制,一直流传了两千余年,直至清末。

第七章　学会自我保护

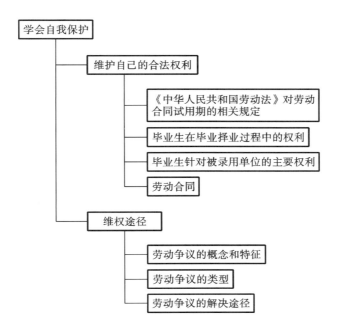

第一节　维护自己的合法权利

小李中专毕业后,来到一家私企工作。他每天起早贪黑,加班不断,干得非常起劲,工资虽然不高,但是他觉得自己只要好好干,老板肯定会给他加工资。可是半年试用期过去了,老板只字不提转正的事,等了一个月后,小李忍不住了,跑去问老板。老板口头答应下个月就让他转正,但是又一个月过去了,老板把给小李转正的事早抛到了九霄云外。小李再去问老板,老板却以小李心态不稳为由,炒了小李鱿鱼。因为当初没有签订就业合同,小李只好哑巴吃黄连,有苦说不出。

笔者观点

《中华人民共和国劳动法》(简称《劳动法》)对劳动合同试用期都有相关规定,中职生应了解这些规定,当权利受到侵害时,学会用法律来维护自己的合法权利。

就业权益是中职学生在就业过程中依法享有的权益,它由多种法律法规共同界定,并由多种法律法规共同维护。恰当地认识这些权益,对于增强我们的就业安全性,规避就业中的未知风险,具有重要意义。

一、《中华人民共和国劳动法》对劳动合同试用期的相关规定

试用期是用人单位和劳动者建立劳动关系后为相互了解、选择而约定的不超过六个月的考察期。

按照《劳动法》的规定,劳动合同可以约定不超过六个月的试用期。劳动合同期限在六个月以下的,试用期不得超过十五日;劳动合同期限在六个月以上一年以下的,试用期不得超过三十日;劳动合同期限在一年以上两年以下的,试用期不得超过六十日。试用期包括在劳动合同期限中,适用于初次就业或再次就业时改变工作岗位或工种的劳动者,用人单位对工作岗位没有发生变化的同一劳动者只能试用一次。

另外,除了企业员工试用期外,还有两种试用期。一是国家公务员的试用期,按照《国家公务员暂行条例》的规定,机关新录用的国家公务员实行一年试用期,试用期间实行试用期工资标准。期满合格正式录用,期满不合格的取消录用资格。二是事业单位聘用合同试用期。试用期期限一般不超过三个月,特殊情况可以延长,但最长不超过六个月;被聘人员为大、中专应届毕业生的,可延长至十二个月,该试用期包括在聘用合同期内。

外商投资企业招收新职工时,可以在劳动合同中约定试用期,但约定试用期应符合下列规定:

(1) 约定的劳动合同期不满六个月的,不得设定试用期;

(2) 约定的劳动合同期满六个月不满一年的,试用期不得超过一个月;

(3) 约定的劳动合同期满一年不满三年的,试用期不得超过三个月;

(4) 约定的劳动合同期满三年的,试用期不得超过六个月;

(5) 签订的劳动合同仅约定试用期的,试用期不成立,该约定的期限为劳动合同期限;

(6) 因劳动合同期满与职工续签劳动合同的,不准设定试用期。

二、毕业生在毕业择业过程中的权利

毕业生作为就业过程中的一个重要主体,享有多方面的权利。根据目前就业工作的有关规定,毕业生权利主要包括两大方面:一方面是在整个毕业择业过程中的权利,另一方面是毕业生针对被录用单位的权利。

1. 获取信息权

就业信息是毕业生择业成功的前提和关键,只有在充分占有信息的基础上,才能结合自身情况选择适合自身发展的用人单位。毕业生获取信息权,应包括三方面含义。

(1) 信息公开,即所有用人信息向全体毕业生公开。如上海市已建立高校毕业生需求登记制度,凡需录用高校毕业生的用人单位,须到上海市高校毕业生就业指导中心和有关高校办理信息登记,由市高校毕业生就业指导中心通过高校向毕业生发布用人需求信息,任何单位和个人不得隐瞒、截留需求信息。

(2) 信息及时,也就是毕业生获取的信息必须是及时、有效的,而不能将过时、无利用价值的信息传递给毕业生。

(3) 信息全面,即毕业生有权获得准确、全面的就业信息,以便对用人单位有全面的了解,从而做出符合自身要求的选择。

2. 接受就业指导权

学生有权从学校接受就业指导，学校应成立专门机构，安排专门人员对毕业生进行就业指导，包括：向毕业生宣传国家关于毕业生就业的有关方针、政策；对毕业生进行择业技巧的指导；引导毕业生根据国家、社会需要，结合个人实际情况进行择业，使毕业生通过接受就业指导，准确自我定位，合理择业。当然，随着毕业生就业完全市场化，毕业生也将由从学校接受就业指导而转为主动到市场寻求和接受一些有益的社会上合法机构的就业指导。

3. 被推荐权

毕业生享有的被推荐权包含以下几方面内容：

（1）如实推荐。在对毕业生进行推荐时，应实事求是，根据毕业生本人的实际情况向用人单位进行介绍、推荐，不能故意贬低或随意捧高对毕业生在校表现的评价。

（2）公正推荐。学校对毕业生进行推荐应做到公平、公正，应给每一位毕业生以就业推荐的机会，不能厚此薄彼。公正推荐是学校的基本责任，也是毕业生享有的最基本的权益。

（3）择优推荐。学校根据毕业生的在校表现，在公正、公开的基础上，还应择优推荐，用人单位录用毕业生也应坚持择优标准，真正体现优生优用、人尽其才，这样才能调动广大毕业生和在校生学习的积极性。毕业生在就业过程中只能凭自身综合素质的提高来取胜。

4. 选择权

毕业生只要符合国家的就业方针和政策，就可以自主地选择用人单位，学校或其他单位和个人均不得干涉。任何将个人意志强加给毕业生，强令毕业生到某单位的行为都是侵犯毕业生选择权的行为。毕业生可结合自身情况自主与用人单位协商，要求学校予以推荐，直至签订就业协议。

5. 公平待遇权

用人单位在录用毕业生的过程中，也应公正、公平，一视同仁。但在当前，毕业生的公平待遇权受到很大的冲击。由于各项配套措施滞后，完全开放公平的就业市场尚未真正形成，用人单位录用毕业生还存在不同程度的不公平、不公正现象，如女生就业难仍然是困扰女毕业生就业的一大问题。公平待遇权是毕业生迫切需要得到维护的权益。

6. 违约及求偿权

毕业生和用人单位签订协议后，任何一方不得擅自毁约。如用人单位无故要求解约，毕业生有权要求对方严格履行就业协议，否则用人单位应对毕业生承担违约责任，支付违约金，毕业生有权利要求用人单位进行补偿。

此外，毕业生还有国家和省规定的与就业有关的其他权利。

三、毕业生针对被录用单位的主要权利

1. 有要求用人单位履行协议接收毕业生的权利

就业协议书是国家专用于毕业生就业的正式文本，具有法律效力。双方一旦签约，就有义务严格履行协议，不得无故进行更改。用人单位必须依照协议接收毕业生，并妥善安排毕业生的工作，提供相应的工作和生活条件，以保证毕业生的正常工作。

2. 有要求用人单位按照《劳动法》规定提供各种劳动保障的权利

毕业生到用人单位报到后应签订劳动合同。《劳动法》第三条规定："劳动者享有平等就业

和选择职业的权利、取得劳动报酬的权利、休息休假的权利、获得劳动安全卫生保护的权利、接受职业技能培训的权利、享受社会保险和福利的权利、提请劳动争议处理的权利以及法律规定的其他劳动权利。"

3. 有追究用人单位违约责任的权利

毕业生与用人单位签订就业协议,是双方遵循平等自愿、协商一致原则而达成的协议,双方均有遵守的义务。如果用人单位不能按照协议的内容履行或者打折扣,毕业生有追究违约责任的权利。

职校生走进清华当老师

"成为老师这件事,的确没有在我的预想和规划中。但十年来,我从来都没有改变过在机电一体化领域发展的初衷。"接受采访时,清华大学基础工业训练中心的实训指导教师王佐刚刚走出学生们实习成果答辩的教室。职校毕业的他走上了世界名校的大平台,不可思议地成了一名教书育人的老师。

"我可以有底气地说,我不仅做到了'爱一行、干一行',更做到了'干一行、爱一行'。"王佐说,他已经离不开教室和几乎与他同龄的学生们了。

为弥补遗憾选择读大专

王佐是来自平谷乡间的一个普通男孩,初中毕业时,出于对未来就业的考虑,他放弃了读普通高中的机会而选择了从业面较广的北京电子科技职业学院机电一体化专业,从此开启了他与母校长达7年的缘分。"说实话,中专毕业的时候,面对直接就业还是继续留在学校读大专的选择,我还是有过犹豫的。"王佐说。而真正让他做出选择的,是中专时一个小小的遗憾——因意外而在学校数控大赛退赛的经历。"越临毕业,想要弥补这个遗憾的心情越迫切。出于小小的'报复心理',我选择继续读书,中专时没做好的事,让我在大专完成。"

大专时,王佐选择的仍是机电一体化专业。"我从来就没有考虑过换专业,只有长期、系统的学习才能真正精通一门学问。我一直认为'通百才不如专一门',以后我要靠这一门手艺'吃饭'呢。"而中专时的遗憾,王佐也在大专时圆满弥补了。"大一的时候,在北京市机电比赛中,我们团队获得了二等奖的成绩;大二时,我们以北京市一等奖的名次入选全国比赛。"

赛前训练的艰苦让王佐记忆犹新,每天早晨五点半就要起床,七点准时来到赛场模拟训练,一直到晚上八点才能回宿舍。"每天的训练时间都要超过14个小时。"训练期间,一个突发的家庭变故让王佐措手不及——家中60岁的爸爸突发心脏病住进了医院,需要做搭桥手术。接到消息时,训练场地上的王佐有点惘然无措。他的指导老师赶忙催他回家,帮他打车的同时,还不忘在他的兜里塞上500元钱。"俗话说'师徒如父子'啊,我家庭条件一般,为了给爸爸做手术四处筹钱,我师父听说后二话不说,拿出银行卡就交给了我。"王佐谈起老师至今还面露感激的神色。

忙完了父亲的手术,王佐迫不及待地回归了训练的队伍,并在此后的全国比赛中获得了二等奖的好成绩。"比赛的结果并不是最重要的,最重要的是在比赛的过程中,我学到了许多在平时课堂上没法学到的实践知识和临场经验。"王佐总结道。

出乎意料当上"大学老师"

一转眼,七年的学习生涯已到尽头,王佐面临着毕业、就业的考验。就在经历了第一次面试失败的心理调整期后,机会敲开了王佐的房门。由于性格乐观、技术纯熟,王佐被院系的老师推荐到了北京吉利大学担任数控和车床两门实践课程的指导教师。"这我可万万没想到啊。"王佐开玩笑说。一直以来,他对自己将来的职业定位都是做一个操作工人,当一个"蓝领"。当上老师、教书育人,让他既惊喜又忐忑。

刚开始的一个月里,王佐还真有点"问心有愧"。刚毕业,自己还是一身学生气,哪有教书的经验,怎么带学生?这时候,母校院系里的各位"大神级"老师们纷纷发话:"佐儿,刚参加工作不容易,有什么不会的随时发问,我们随时作答。"吃下了这颗"定心丸",王佐开始在工作中发奋积累经验,遇到不懂的积极提问,努力改变"新兵上阵"的生涩和尴尬。"最开始的一个多月特别辛苦,每天不停地上课,授课时长超过14个小时。早上7点来到学校,晚上8点才能回到宿舍。"那段时间,王佐课下不敢开腔说话,因为嗓子都是哑的。经过一个月的琢磨、切磋,王佐提高了教学的水平,终于成为一个站在讲台上无愧于心的老师。

最让王佐头疼的还是怎么和与自己年龄相仿的学生相处。"刚刚大专毕业的我,与大三、大四的本科生根本就是同龄人,甚至比有些学生年纪还小。怎么让他们将我当作老师看待,虚心学习知识,这真是个难题。"王佐给自己的定位是"课上负责的老师,课后亲切的同伴"。

虽然跟同学们"打成一片",但课上传道授业的王佐是认真的,尤其是在操作过程中涉及安全问题的时候,他的表情会尤其严肃。一件小事让王佐记忆犹新。一次在实践课上,学生们的机床马上就要启动了。出于对学生安全的负责,王佐在嘱咐大家检查机床后,又亲自检查了一遍。他猛然发现一个学生的机床上还插着刚才调整机器使用的扳手,此时,学生已按下启动开关,王佐一个箭步冲过去,"啪"地按停机器,摘下扳手。如果机床高速运转起来,必然会带来不可收拾的惨痛后果。这个学生目瞪口呆,吓出了一身冷汗。王佐并没有狠狠批评他,而是安抚过后向大家仔细解释这个失误可能造成的严重后果。"这次的有惊无险之后,大家都知道遵循'安全第一'的守则了。"

一年半下来,王佐教过的学生多达数百人,不少都成了贴心的好朋友。"有时,中午课间我在教室闭目休息,就会听到吃过午饭的同学们之间互相叮嘱:'小声点儿,佐佐太累了,让他好好睡一会儿。'"

挑战自我来到名校清华

有一天,王佐突然接到母校北京电子科技职业学院校领导的电话,叫他回校一趟。一见面,院长问他:"想不想挑战一下自己?"王佐斩钉截铁地回答:"想!"院长卖了个关子又问:"想不想去世界名校工作?""想!"院长再次直接发问:"想不想去清华大学工作?"王佐却没说话,当时他的心里别提多激动了:"我能不想吗?我是连想都没敢想!"原来,由于性格善良、经验丰富,学校把他作为优秀毕业生推荐给了正在求贤的清华大学基础工业训练中心做实训指导教师。

数控铣床、数字车床、3D打印、三坐标测量……努力的王佐是单位里持有上岗证最多的那个人,他指导过的学生至今不下千人。尤其是暑假的小学期,给同学们介绍3D打印,为同学们修改设计稿,帮同学们实现创意想法……此时正是王佐和同事们最忙碌的时候。"比如不久前,我们就为一个学生团队设计的残疾人假指的项目提出了修改意见。拿到设计稿时,我发现假指关节的轴、孔之间缺乏间隙,这让假指回弯成了不可能实现的事。于是我们调整不同的参数,3D打印出不同的模型进行匹配,最终找到了一个合适的尺寸,完成了这个项目。"目前,这个学生团队设计的项目正在筹备投入市场,这让王佐心里很自豪。

清华是名校,学生们既有想法又有性格。职校毕业的王佐站在讲台上却一点都不发怵。"术业有专攻,在机电一体化专业方面我力图学到最深入、教得最详尽"。十年来,王佐不改初衷,从来没有放弃对专业的热爱和探索。"既然学生们叫你一声'老师',你就要把这声'老师'做值了!"王佐说,自己做到了对每一个学生都问心无愧,并将一直坚持下去。

四、劳动合同

劳动合同是劳动者与用人单位确立劳动关系,明确双方权利和义务的协议。一般合同包含两方面内容:一是劳动合同的法定条款,二是双方协商的内容。

常见的协商条款有试用期条款、培训条款、保密条款等,在此需要提到的是,试用期是劳动合同中的一项约定,没有单独的试用期合同,用人单位和大学生约定试用期考察合格后才签订正式的劳动合同,这是明显违反法律规定的。

根据《中华人民共和国劳动合同法》(简称《劳动合同法》)的规定,毕业生在与用人单位签订劳动合同时,应注意以下几个原则:合法原则,公平原则,平等自愿、协商一致原则,诚实信用原则。

为了更好地保障自己的权益,毕业生应及时和用人单位签订劳动合同,此时劳动者与用人单位之间依据劳动合同就形成了法律上的权利义务即劳动关系。

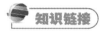 知识链接

劳动合同范本

一、双方在签订本合同前,应认真阅读本合同书。本合同一经签订,即具有法律效力,双方必须严格履行。

二、本合同必须由用人单位(甲方)的法定代表人(或者委托代理人)和职工(乙方)亲自签章,并加盖用人单位公章(或者劳动合同专用章)方为有效。

三、本合同中的空栏,由双方协商确定后填写,并不得违反法律、法规和相关规定;不需填写的空栏,划上"\"。

四、工时制度分为标准工时、不定时、综合计算工时三种。

实行不定时、综合计算工时工作制的,应经劳动保障部门批准。

五、本合同的未尽事宜,可另行签订补充协议,作为本合同的附件,与本合同一并履行。

六、本合同必须认真填写,字迹清晰,文字简练、准确,并不得擅自涂改。

七、本合同(含附件)签订后,甲乙双方各保管一份备查。

甲方(用人单位): 乙方(职工):

名称: 姓名:

法定代表人: 身份证号码:

地址: 现住址:

经济类型:

联系电话: 联系电话:

根据《中华人民共和国劳动法》和国家及省的有关规定,甲乙双方按照平等自愿、协商一致

的原则订立本合同。

一、工作期限

（一）合同期限。

双方同意按以下第_____种方式确定本合同期限：

1. 有固定期限：从____年____月____日起至____年____月____日止。

2. 无固定期限：从____年____月____日起至本合同约定的终止条件出现时止（不得将法定解除条件约定为终止条件）。

3. 以完成一定的工作为期限：从____年____月____日起至工作任务完成时止。

（二）试用期限。

双方同意按以下第_____种方式确定试用期期限（试用期包括在合同期内）：

1. 无试用期。

2. 试用期从____年____月____日起至____年____月____日止。

（试用期最长不超过六个月。其中合同期限在六个月以下的，试用期不得超过十五日；合同期限在六个月以上一年以下的，试用期不得超过三十日；合同期限在一年以上两年以下的，试用期不得超过六十日。）

二、工作内容

（一）乙方的工作岗位（工作地点、部门、工种或职务）为_____。

（二）乙方的工作任务或职责是_____。

（三）甲方因生产经营需要调整乙方的工作岗位，按变更本合同办理，双方签章确认的协议或通知书作为本合同的附件。

（四）如甲方派乙方到外单位工作，应签订补充协议。

三、工作时间

（一）甲乙双方同意按以下第_____种方式确定乙方的工作时间：

1. 标准工时制，即每日工作_____小时，每周工作_____天，每周至少休息一天。

2. 不定时工作制，即经劳动保障部门审批，乙方所在岗位实行不定时工作制。

3. 综合计算工时工作制，即经劳动保障部门审批，乙方所在岗位实行以_____为周期，总工时_____小时的综合计算工时工作制。

（二）甲方因生产（工作）需要，经与工会和乙方协商后可以延长工作时间。除《中华人民共和国劳动法》第四十二条规定的情形外，一般每日不得超过一小时，因特殊原因最长每日不得超过三小时，每月不得超过三十六小时。

四、工资待遇

（一）乙方正常工作时间的工资按下列第_____种形式执行，不得低于当地最低工资标准。

1. 乙方试用期工资_____元/月；试用期满工资_____元/月（_____元/日）。

2. 其他形式：_____。

（二）工资必须以法定货币支付，不得以实物及有价证券替代货币支付。

（三）甲方根据企业的经营状况和依法制定的工资分配办法调整乙方工资，乙方在六十日内未提出异议的视为同意。

（四）甲方每月_____日发放工资。如遇节假日或休息日，则提前到最近的工作日支付。

（五）甲方依法安排乙方延长工作时间的,应按《中华人民共和国劳动法》第四十四条的规定支付延长工作时间的工资报酬。

五、劳动保护和劳动条件

（一）甲方按国家和省有关劳动保护规定提供符合国家劳动卫生标准的劳动作业场所,切实保护乙方在生产工作中的安全和健康。如乙方工作过程中可能产生职业病危害,甲方应按《中华人民共和国职业病防治法》的规定保护乙方的健康及其相关权益。

（二）甲方根据乙方从事的工作岗位,按国家有关规定,发给乙方必要的劳动保护用品,并按劳动保护规定每_____（年/季/月）免费安排乙方进行体检。

（三）乙方有权拒绝甲方的违章指挥、强令冒险作业,对甲方及其管理人员漠视乙方安全和健康的行为,有权要求改正并向有关部门检举、控告。

六、社会保险和福利待遇

（一）合同期内,甲方应依法为乙方办理参加养老、医疗、失业、工伤、生育等社会保险的手续,社会保险费按规定的比例,由甲乙双方负责。

（二）乙方患病或非因工负伤,甲方应按国家和地方的规定给予医疗期和医疗待遇,按医疗保险及其他相关规定报销医疗费用,并在规定的医疗期内支付病假工资或疾病救济费。

（三）乙方患职业病、因工负伤或者因工死亡的,甲方应按《工伤保险条例》的规定办理。

（四）甲方按规定给予乙方享受节日假、年休假、婚假、丧假、探亲假、产假、看护假等带薪假期,并按本合同约定的工资标准支付工资。

七、劳动纪律

（一）甲方根据国家和省的有关法律、法规通过民主程序制定的各项规章制度,应向乙方公示;乙方应自觉遵守国家和省规定的有关劳动纪律、法规和企业依法制定的各项规章制度,严格遵守安全操作规程,服从管理,按时完成工作任务。

（二）甲方有权对乙方履行制度的情况进行检查、督促、考核和奖惩。

（三）如乙方掌握甲方的商业秘密,乙方有义务为甲方保守商业秘密。

八、本合同的变更

（一）任何一方要求变更本合同的有关内容,都应以书面形式通知对方。

（二）甲乙双方经协商一致,可以变更本合同,并办理变更本合同的手续。

九、本合同的解除

（一）经甲乙双方协商一致,本合同可以解除。由甲方解除本合同的,应按规定支付经济补偿金。

（二）属下列情形之一的,甲方可以单方解除本合同:

1. 试用期内证明乙方不符合录用条件的。
2. 乙方严重违反劳动纪律或甲方规章制度的。
3. 乙方严重失职、营私舞弊,对甲方利益造成重大损害的。
4. 乙方被依法追究刑事责任的。
5. 甲方歇业、停业、濒临破产处于法定整顿期间或者生产经营状况发生严重困难的。
6. 乙方患病或非因工负伤,医疗期满后不能从事本合同约定的工作,也不能从事由甲方另行安排的工作的。
7. 乙方不能胜任工作,经过培训或者调整工作岗位,仍不能胜任工作的。
8. 本合同订立时所依据的客观情况发生重大变化,致使本合同无法履行,经当事人协商不能就变更本合同达成协议的。

9. 本合同约定的解除条件出现的。

甲方按照第5、6、7、8、9项规定解除本合同的,需提前三十日书面通知乙方,并按规定向乙方支付经济补偿金,其中按第6项解除本合同并符合有关规定的还需支付乙方医疗补助费。

（三）乙方解除本合同,应当提前三十日以书面形式通知甲方。但属下列情形之一的,乙方可以随时解除本合同：

1. 在试用期内的。
2. 甲方以暴力、威胁或者非法限制人身自由的手段强迫劳动的。
3. 甲方不按本合同规定支付劳动报酬,克扣或无故拖欠工资的。
4. 经国家有关部门确认,甲方劳动安全卫生条件恶劣,严重危害乙方身体健康的。

（四）有下列情形之一的,甲方不得解除本合同：

1. 乙方患病或非因工负伤,在规定的医疗期内的。
2. 乙方患有职业病或因工负伤,并经劳动能力鉴定委员会确认,丧失或部分丧失劳动能力的。
3. 女职工在孕期、产期、哺乳期内的。
4. 法律、法规规定的其他情形。

（五）解除本合同后,甲乙双方在七日内办理解除劳动合同有关手续。

十、本合同的终止

本合同期满或甲乙双方约定的本合同终止条件出现,本合同即行终止。

本合同期满前一个月,甲方应向乙方提出终止或续订劳动合同的书面意向,并及时办理有关手续。

十一、违约情形及责任

（一）甲方的违约情形及违约责任：_____。

（二）乙方的违约情形及违约责任：_____。

十二、调解及仲裁

双方履行本合同如发生争议,可先协商解决;不愿协商或协商不成的,可以向本单位劳动争议调解委员会申请调解;调解无效,可在争论发生之日起六十日内向当地劳动争议仲裁委员会申请仲裁;也可以直接向劳动争议仲裁委员会申请仲裁。对仲裁裁决不服的,可在十五日内向人民法院提起诉讼。

十三、其他

（一）本合同未尽事宜,按国家和地方有关政策规定办理。在合同期内,如本合同条款与国家、省有关劳动管理新规定相抵触的,按新规定执行。

（二）下列文件规定为本合同附件,与本合同具有同等效力：

附件1：

附件2：

附件3：

（三）双方约定（内容不得违反法律及相关规定,可另加双方签名或盖章的附页）：

甲方：（盖章）　　　　　　　　　　　　乙方：（签名或盖章）

法定代表人：（或委托代理人）

____年____月____日　　　　　　　　　____年____月____日

【职业思考】

1. 利用网络或者图书馆,了解《劳动法》相关知识。
2. 如果在未来就业中遇到企业不遵守《劳动法》的情况,你认为最好的解决方法是什么?

第二节 维权途径

刚刚大学毕业的小王应聘某贸易公司职员,经过几轮面试,最终获得录用。签订劳动合同前,公司人事告知小王,公司在与新员工建立劳动关系时,一般会先签订一份试用期合同,期限为三个月,期间工资为2000元。待三个月试用期满后,如果员工能够为公司带来新的订单,公司会与之签订正式劳动合同,正式合同期工资为3000元。如果三个月试用期满后,小王没有达到公司规定的业绩,公司将不再聘用小王。然而,小王刚工作至两个月,公司即发现小王的表现无法满足公司的要求,便以"试用期不符合录用条件为由"与小王解除合同。

笔者观点

案例中公司的做法是不合法的。该公司未按照合同约定的方式执行,小王可以通过法律仲裁手段维护自己的权益。

一、劳动争议的概念和特征

劳动争议从广义上理解,是指因劳动关系而发生的一切争议,包括劳动关系双方当事人即用人单位与劳动者发生的争议、用人单位与劳动者团体即工会发生的争议,也包括用人单位与政府主管部门之间发生的争议。从狭义上理解,是指劳动关系双方当事人即用人单位与劳动者因劳动权利义务而发生的纠纷。一般我们所说的劳动争议,通常指的就是狭义的劳动争议。

与其他争议相比,劳动争议有如下特点:

(1)主体具有特定性。发生争议的双方当事人必须是用人单位和与其有劳动关系的职工。也就是说,当事人必须是通过一定的法律事实(如签订劳动合同)建立劳动关系的用人单位及其劳动者。它不同于民事关系、行政关系。劳动关系既有平等性,又有不平等性。

(2)内容具有限定性。发生争议的双方当事人争议的内容,是有关劳动权利、义务方面的。只有当涉及劳动关系双方当事人之间的权利和义务时,才是劳动争议,例如劳动报酬争议、劳动保护争议、保险福利争议、培训争议和劳动关系解除、终止争议等。在实践中,劳动争议并非全部发生在劳动关系存续期间,许多劳动争议是发生在劳动关系结束之后的,例如赔偿加班工资损失争议、经济补偿金争议等。

测试一下自己的维权意识和能力。

根据自身情况,对下列问题做出肯定或否定的回答。

1. 发生劳动争议时,并不都是用人单位有过错。是（　）否（　）
2. 签订合同对劳动保障有很大影响。是（　）否（　）
3. 我知道劳动者享有哪些基本权利。是（　）否（　）
4. 我知道《劳动合同法》的基本内容。是（　）否（　）
5. 发生劳动争议后,我很愿意通过协商解决问题。是（　）否（　）
6. 在企业中,我能遵守规章制度。是（　）否（　）
7. 签订劳动合同时,我能认真阅读合同内容。是（　）否（　）
8. 发生侵权事实后,我知道通过哪些途径来维权。是（　）否（　）
9. 我是通过正当途径实现就业的。是（　）否（　）
10. 我会考虑通过媒体或向有关部门投诉来维权。是（　）否（　）

选择"是"的次数大于或等于7,说明你维护劳动者权益的意识和能力很强。选择"是"的次数介于5和7之间,说明你维护劳动权益的意识和能力一般。选择"是"的次数小于5,说明你维护劳动权益的意识和能力有待提高。

通过检测,我觉得自己维护劳动权益的意识和能力的状况是（　）

今后,我准备通过下列方式提高自己维护劳动权益的意识和能力：（　）

二、劳动争议的类型

根据不同的划分标准,劳动争议主要分为以下几种类型。

一是根据职工人数的多少,劳动争议划分为个人争议与集体争议。根据现行法律规定,发生劳动争议的职工一方当事人在三人以上,并有共同理由的,为集体争议;职工当事人不满三人的,则为个人争议。集体争议与团体争议不同,团体争议是关于集体合同的争议,争议的主体是用人单位或用人单位团体与工会;而集体争议的主体仍然是用人单位与劳动者。划分个人争议与集体争议,主要意义在于设定两者在争议处理中的不同程序。个人争议的处理适用一般程序。集体争议则有特殊的要求：职工当事人在三人以上,但不满三十人的,虽也适用一般程序,但必须推举代表参加处理活动。

二是根据争议的内容,劳动争议可划分为权利争议和利益争议。用人单位或其团体与劳动者或其团体就执行劳动法律法规、集体合同、劳动合同和规章制度设定的权利而发生的争议是权利争议。权利争议是为实现既定权利而发生的争议,它属于法律问题,故又称为法律争议。如支付拖欠工资争议、支付经济补偿金争议、补缴社会保险费争议等。用人单位或其团体与工会就集体合同的订立与变更发生的争议是利益争议。利益争议是为创设将来的合同,设定将来劳动条件而发生的争议,它涉及的不是法律问题,故又称经济争议。利益争议与集体争议是不同的,利益争议的主体是工会,争议的内容是将来的劳动条件,表现形式是集体合同的订立和变更;而集体争议是多数劳动者共同提起的争议,争议的内容是现有权利的确认与执行,依据来自法律法规、劳动合同或者已经订立的集体合同的规定。权利争议因涉及的是法律问题,一般通过仲裁或诉讼程序解决;利益争议的解决没有可引用的实体依据,无法通过诉讼作出裁判,一般通过调解、调停、仲裁等和平方式解决处理。根据争议的内容,劳动争议还可细分为工资争议、保险福利争议、劳动保护争议、培训争议和劳动合同解除、终止争议等。我们通常所称的劳动争议,实际上是指劳动者个人之间发生的争议。

三、劳动争议的解决途径

许多劳动者在工作中,难免因工资、保险、辞职、辞退等问题与用人单位发生争议。劳动者作为弱势群体,应当勇于拿起法律武器维护自己的合法权益。但是,许多劳动者在想依法维权时因不知从何着手而茫然无措。现就有关维权的途径做以下介绍。

(一)协商

协商是指劳动者与用人单位就争议的问题直接进行协商,寻找纠纷解决的具体方案。与其他纠纷不同的是,劳动争议的当事人一方为单位,一方为单位职工,因双方已经发生一定的劳动关系而且彼此之间相互有所了解,双方发生纠纷后最好先协商,通过自愿达成协议来消除隔阂。具体实践中,职工与单位经过协商达成一致而解决纠纷的情况非常多,效果也很好。但是,协商程序不是处理劳动争议的必经程序。双方可以协商,也可以不协商,完全出于自愿,任何人都不能强迫。协商达成一致后,应当签订书面和解协议。和解协议对双方当事人具有约束力,当事人应当履行。但是,双方达成的协议需由双方自觉履行,如一方不履行,另一方不能申请法院强制执行。

(二)调解

劳动争议发生后,当事人不愿协商、协商不成或者达成和解协议后,一方当事人在约定的期限内不履行和解协议的,可以依法向有关的调解组织申请调解。《中华人民共和国劳动争议调解仲裁法》第十条规定,发生劳动争议,当事人可以到下列调解组织申请调解:企业劳动争议调解委员会;依法设立的基层人民调解组织;在乡镇、街道设立的具有劳动争议调解职能的组织。

1. 企业劳动争议调解委员会调解

企业劳动争议调解委员会是企业内部解决劳动争议的机构。1993年国务院通过的《中华人民共和国企业劳动争议处理条例》第七条规定,企业可以设立劳动争议调解委员会,调解委员会负责调解本企业发生的劳动争议。1994年制定的《劳动法》肯定了这一制度。由企业劳动争议调解委员会调解劳动争议,有利于将劳动争议解决在企业内部,使劳动关系得以维持,是一种非常好的解决争议的方式。

企业劳动争议调解委员会由职工代表、企业代表和企业工会代表组成。职工代表由职工代表大会推举产生,企业代表由企业负责人指定。企业劳动争议调解委员会主任由企业工会代表担任。一般具有法律知识、政策水平和实际工作能力,又了解本单位的具体情况的委员能够更好地解决纠纷。除因签订、履行集体劳动合同发生的争议外,劳动者和用人单位发生的其他争议均可由本企业劳动争议调解委员会调解。但是,与协商程序一样,调解程序也由当事人自愿选择,且调解协议也不具有强制执行力,如果一方反悔,同样可以向仲裁机构申请仲裁。

2. 依法设立的基层人民调解组织调解

人民调解是我党的优良传统,早在苏维埃政权时期、抗日战争时期和解放战争时期,就制定了相关的政策文件,发挥调解或解决民间纠纷的作用。1954年3月,中央人民政府政务院又公布了《人民调解委员会暂行组织通则》,以法的形式肯定了人民调解在社会主义建设中的作用,使人民调解工作走上了法制轨道。1989年6月,国务院制定的《人民调解委员会组织条例》对人民调解制度进一步加以完善，使人民调解成为解决社会矛盾、维护社会稳定的有力手段。根据该条例的规定，人民调解委员会是村民委员会和居民委员会下设的调解民间纠纷的群众性组织，在基层人民政府和基层人民法院指导下进行工作。人民调解委员会由委员三至九人组成，设主任一人，必要时可以设副主任。人民调解委员会委员除由村民委员会成员或者居民委员会成员兼任的以外，均由群众选举产生，每三年改选一次，可以连选连任。人民调解委员会的任务为调解民间纠纷，并通过调解工作宣传法律、法规、规章和政策，教育公民遵纪守法，尊重社会公德。除了村民委员会、居民委员会设立的人民调解组织外，根据2002年9月司法部颁布的《人民调解工作若干规定》，乡镇、街道可以设立人民调解委员会，企业事业单位根据需要也可以设立人民调解委员会，还可以设立区域性、行业性的人民调解委员会。目前，全国98%的乡镇、街道已设立了人民调解组织，在调解民间纠纷方面发挥了重要作用。

为了发挥人民调解组织的作用，解决劳动争议调解力量不足的问题，一些地方探索将劳动争议调解纳入人民调解组织的职能范围，取得了很好的效果。如深圳市宝安区西乡社区在街道人民调解委员会中设立调解中心，依托调解中心，将人民调解员、司法调解员、治安调解员、劳动争议仲裁员，以及律师、法律志愿者等力量进行了整合。

北京市劳动和社会保障部门与司法行政部门通过协商，建立了主要依托于基层司法所的25个劳动争议调解中心，为及时解决劳动争议发挥了很好的作用。

知识链接

人民调解委员会应遵循的原则：

（1）依据法律、法规、规章和政策进行调解，法律、法规、规章和政策没有明确规定的，依据社会主义道德进行调解。

（2）在双方当事人自愿平等的基础上进行调解。

（3）尊重当事人的诉讼权利，不得因未经调解或者调解不成而阻止当事人向人民法院起诉。

人民调解委员会职责：

（1）认真贯彻执行"调防结合""以防为主"的方针，严格遵守调解工作的原则和纪律，坚持调查研究，实事求是，做到公正及时。

（2）积极为社会主义经济建设服务，依法调解本辖区内的民事纠纷和轻微的刑事纠纷，防止矛盾激化。

（3）积极开展社会主义法制宣传教育活动，使群众知法、懂法，逐步树立法制观念，提倡共产主义道德风尚，预防各类纠纷的发生、发展，减少诉讼。

（4）坚持依靠群众，发挥居民小组及调解人员的作用，确保发生的纠纷能够及时调处。

（5）配合有关部门加强社会治安的综合治理，积极搞好两个文明建设。

（6）及时向政府和它的派出机关反映情况，提出建议，协助有关部门做好司法行政工作。

3. 在乡镇、街道设立的具有劳动争议调解职能的组织调解

在乡镇、街道设立的劳动争议调解组织，是一些经济发达地区为了解决劳动争议的实际需要而设立的区域性的调解组织。区域性的劳动争议调解组织一般由地方政府部门或者地方工会参与，与企业调解委员会相比较，地位超脱，调解员与企业没有利害关系，调解更有权威性。

从实践看,区域性、行业性劳动争议调解组织作用发挥较好,成效明显。目前,在乡镇、街道设立的具有劳动争议调解职能的组织主要有两种模式,一种是依托于乡镇劳动服务站的调解组织。一些地方设立了乡镇、街道劳动服务站,具有劳动争议调解职能。如宁波市鄞州区钟公店街道设立的劳动和社会事务管理服务站。另一种是依托于地方工会的劳动调解组织。近年来,一些地方在小型非公有制企业和外商投资企业比较集中的乡镇、街道、开发区或社区,由地方工会、政府和企业代表组织等组成区域性、行业性劳动争议调解组织,调解本区域重大疑难劳动争议、集体劳动争议以及未建立劳动争议调解委员会的企业发生的劳动争议。区域性、行业性劳动争议调解组织对解决劳动争议也发挥了积极作用。

总之,发生劳动争议,当事人可以向法律规定的三类调解组织申请调解。企业有劳动争议调解委员会的,劳动者可以向本企业调解委员会申请调解,也可以向其他调解组织申请调解。

(三)仲裁

劳动仲裁是指由劳动争议仲裁委员会对当事人申请仲裁的劳动争议居中公断与裁决。在我国,劳动仲裁是劳动争议当事人向人民法院提起诉讼的必经程序。按照《中华人民共和国劳动争议调解仲裁法》的规定,提起劳动仲裁的一方应在当事人知道或者应当知道其权利被侵害之日起计算一年内向劳动争议仲裁委员会提出书面申请。除非当事人是因不可抗力或有其他正当理由,否则超过法律规定的申请仲裁时效的,仲裁委员会不予受理。

发生劳动争议,当事人不愿协商、协商不成或者达成和解协议后不履行的,可以向调解组织申请调解;不愿调解、调解不成或者达成调解协议后不履行的,可以向劳动争议仲裁委员会申请仲裁;对仲裁裁决不服的,除本法另有规定的外,可以向人民法院提起诉讼。

1. 劳动仲裁委员会的设立

当事人申请劳动争议仲裁,根据级别管辖和地域管辖的规定向相应的仲裁委员会申请仲裁。级别管辖是指不同级别的劳动争议仲裁委员会受理案件的分工。目前县、市、直辖市普遍设立了劳动争议仲裁委员会,部分省、自治区也相应地设立了劳动争议仲裁委员会。

在现阶段,劳动争议案件大部分都由当地县级劳动争议仲裁委员会受理,法律、法规、规章另有规定的除外。

地域管辖是指不同地区同级劳动争议仲裁委员会在受理案件方面的分工。发生争议的用人单位与劳动者不在同一个仲裁委员会管辖地区的,由职工当事人工资关系所在地(即向职工发放工资的单位所在地)的仲裁委员受理。

2. 受案范围

根据《中华人民共和国劳动争议调解仲裁法》的规定,中华人民共和国境内的用人单位与劳动者发生的下列劳动争议都属于仲裁诉讼受案范围:①因确认劳动关系发生的争议;②因订立、履行、变更、解除和终止劳动合同发生的争议;③因除名、辞退和辞职、离职发生的争议;④因工作时间、休息休假、社会保险、福利、培训以及劳动保护发生的争议;⑤因劳动报酬、工伤医疗费、经济补偿或者赔偿金等发生的争议;⑥法律、法规规定的其他劳动争议。

国家机关与其公务员之间、事业组织和社会团体与其正式在编员工之间发生的争议属人事争议,不属于劳动争议,因而不属劳动仲裁诉讼的受案范围。

国家机关、事业组织、社会团体与其工勤人员及其他建立劳动关系的人员之间的争议符合上述所列情况的属劳动争议。实行企业化经营管理的事业组织与其员工之间的争议符合所列上述情况的,也属劳动争议。

3. 仲裁程序

劳动争议双方当事人将劳动争议提交劳动仲裁机构审理,一般经过申请、受理、开庭和裁决等法定程序。

发生劳动争议的劳动者和用人单位为劳动争议仲裁案件的双方当事人。劳务派遣单位或者用工单位与劳动者发生劳动争议的,劳务派遣单位和用工单位为共同当事人。与劳动争议案件的处理结果有利害关系的第三人,可以申请参加仲裁活动或者由劳动争议仲裁委员会通知其参加仲裁活动。

劳动争议申请仲裁的时效期间为一年。仲裁时效期间从当事人知道或者应当知道其权利被侵害之日起计算。

劳动争议仲裁委员会收到仲裁申请之日起五日内,认为符合受理条件的,应当受理,并通知申请人。认为不符合受理条件的,应当书面通知申请人不予受理,并说明理由。对劳动争议仲裁委员会不予受理或者逾期未做出决定的,申请人可以就该劳动争议事项向人民法院提起诉讼。

劳动争议仲裁委员会受理仲裁申请后,应当在五日内将仲裁申请书副本送达被申请人,同时应当在受理仲裁申请之日起五日内将仲裁庭的组成情况书面通知当事人。劳动争议仲裁委员会裁决劳动争议案件实行仲裁庭制。仲裁庭由三名仲裁员组成,设首席仲裁员。简单劳动争议案件可以由一名仲裁员独任仲裁。

劳动争议仲裁公开进行,但当事人协议不公开进行或者涉及国家秘密、商业秘密和个人隐私的除外。

当事人申请劳动争议仲裁后,可以自行和解。达成和解协议的,可以撤回仲裁申请。仲裁庭在做出裁决前,应当先行调解。调解达成协议的,仲裁庭应当制作调解书。调解书应当写明仲裁请求和当事人协议的结果。调解书由仲裁员签名,加盖劳动争议仲裁委员会印章,送达双方当事人。调解书经双方当事人签收后,产生法律效力。调解不成或者调解书送达前,一方当事人反悔的,仲裁庭应当及时做出裁决。

裁决应当按照多数仲裁员的意见做出,少数仲裁员的不同意见应当记入笔录。仲裁庭不能形成多数意见时,裁决应当按照首席仲裁员的意见做出。当事人对发生法律效力的调解书、裁决书,应当依照规定的期限履行。一方当事人逾期不履行的,另一方当事人可以依照民事诉讼法的有关规定向人民法院申请执行。受理申请的人民法院应当依法执行。

案例启迪

张小姐于 2013 年 12 月 25 日入职上海市一家连锁企业任出纳员,面试时口头约定试用期工资 2500 元,试用 3 个月,转正后工资 3000 元。入职当日公司未与之签订劳动合同。2014 年 2 月 18 日,张小姐与该公司签订劳动合同,签订日期标注为 2014 年 2 月 18 日,合同期限为 5 年,约定试用期为 6 个月,作息时间为做六休一,工资合计 2500 元,其中 500 元为休息日加班费,500 元为岗位补贴。张小姐虽有异议,但为了保住这份工作没有表达意见。2014 年 7 月 1 日起,张小姐工资调整为 2800 元。2009 年 7 月 10 日,公司书面通知张小姐调动至公司下属企业任出纳员,张小姐拒绝调动并未去新岗位报到,并于 2014 年 7 月 13 日书面表达了自己长期以来对于每周加班一天未取得劳动报酬,劳动合同未及时签订等异议,声明因以上原因与公司解除劳动关系,并在随后几日申请劳动仲裁,诉求:

（1）因公司未按照新《劳动合同法》规定及时与之签订劳动合同,要求公司补足其2013年12月25日至2014年2月7日期间的双倍工资差额3583.3元;

（2）要求公司补发其在职期间每周一天的休息日加班工资,以26天计算,合计加班工资5977元;

（3）要求公司给予解除劳动合同经济补偿金2800元及代通知金2800元;

（4）要求公司补交入职之初两个月的公积金;

（5）要求公司赔礼道歉。

张小姐诉诸劳动仲裁的方式是值得肯定的。我们不妨来讨论一下,张小姐的5项主张,有哪几项能得到仲裁委员会的支持?

（四）诉讼

劳动争议诉讼是指劳动争议当事人对仲裁机构的裁决不服,持劳动争议裁决书依法向人民法院进行诉讼,要求保护其合法权益的一种劳动争议处理方式。此外,劳动争议的诉讼,还包括当事人一方不履行仲裁委员会已发生法律效力的裁决书或调解书,另一方当事人申请人民法院强制执行的活动。这种诉讼形式是解决劳动争议的最后一个程序,也是对劳动争议的最终处理。

1. 劳动诉讼的性质

人民法院受理的应是经过劳动仲裁程序的劳动争议案件。一般认为,劳动争议仲裁是劳动争议诉讼的前置程序,人民法院受理的劳动争议案件必须是经过仲裁裁决后的案件。《中华人民共和国企业劳动争议处理条例》第三十条规定,当事人对仲裁裁决不服的,自收到裁决书之日起十五日内,可以向人民法院起诉。《中华人民共和国劳动争议调解仲裁法》第四十三条规定,仲裁庭裁决劳动争议案件,应当自劳动争议仲裁委员会受理仲裁申请之日起四十五日内结束。案情复杂需要延期的,经劳动争议仲裁委员会主任批准,可以延期并书面通知当事人,但是延长期限不得超过十五日。逾期未做出仲裁裁决的,当事人可以就该劳动争议事项向人民法院提起诉讼。所以,劳动争议诉讼当事人向人民法院提起诉讼,必须是不服劳动争议仲裁机构裁决,或者仲裁机构逾期未做出裁决的,没有经过劳动争议仲裁机构裁决或未经仲裁机构仲裁程序的劳动争议案件,人民法院一般不予受理。

以上规定说明,仲裁程序是劳动争议案件的前置程序,未经仲裁,案件不能进入诉讼程序。

2. 诉讼程序和诉讼制度

在诉讼活动中,人民法院起着主导作用。诉讼活动必须严格遵守法定的诉讼程序和制度。我国法律对诉讼程序和制度做了严格的规定。比如劳动诉讼的起诉必须符合下列条件:原告是与本案有直接利害关系的公民、法人和其他组织;有明确的被告;有具体的诉讼请求和事实、理由;属于人民法院受理民事诉讼的范围和受诉人民法院管辖。

起诉时应当向人民法院递交起诉状,并按照被告人数提出副本。在诉讼活动中,双方当事人享有同等的诉讼权利,任何一方不得优于另一方,原告有起诉的权利,被告有应诉、答辩和反诉的权利;原告有变更或放弃诉讼请求的权利,被告有承认和反驳诉讼请求的权利。此外,原被告双方都有申请回避、提起上诉、申请执行和以书面或口头方式陈述各自的主张、意见,进行争辩和反驳的权利。在劳动诉讼的过程中,人民法院应依法进行调解,促使当事人互谅互让,达成和解协议。若调解未能达成协议,人民法院应当及时判决,人民法院的生效判决具有法律约束力。当事人不履行裁判义务的,法院可根据法律规定强制执行。

我国的劳动诉讼实行合议、回避、公开审判和两审终审制度。合议制度就是指法院在审判案件的时候,审判庭有三个以上单数审判人员组成的合议庭,依法对案件进行审判。实行合议制度可以更好地发挥集体的智慧,弥补个人能力上的不足,提高办案质量。回避制度是指所有与案件有利害关系的审判人员、书记员等其他人员,不得参加该案的审判活动。实行回避制度是为了保证审判的公正。公开审判是指法院审判案件应当向群众、社会公开。案件审理和宣判过程允许群众旁听,允许新闻媒体对庭审过程进行采访报道。实行公开审判制度是为了更好地监督诉讼。两审终审制度是指一个案件要经过两级人民法院审理方可宣告终结的制度。实行两审终审制度可以更好地保证办案质量。

3. 诉讼管辖

1) 受案范围

根据《中华人民共和国企业劳动争议处理条例》的规定,劳动争议处理机构的受案范围是中国境内的企业与职工之间的下列劳动争议:①因企业开除、除名、辞退职工和职工辞职、自动离职发生的争议;②因执行国家有关工资、保险、福利、培训、劳动保护的规定发生的争议;③因履行劳动合同发生的争议;④法律、法规规定应当依照本条例处理的其他劳动争议。国家机关、事业单位、社会团体与本单位工人之间,个体工商户与帮工、学徒之间发生的劳动争议参照本条例执行。

最高人民法院于 2001 年公布的《最高人民法院关于审理劳动争议案件适用法律若干问题的解释》(简称《解释》),适当地扩大了人民法院受理劳动争议案件的范围。劳动者与用人单位之间发生的下列纠纷,属于《劳动法》第二条规定的劳动争议,当事人不服劳动争议仲裁委员会做出的裁决,依法向人民法院起诉的,人民法院应当受理:①劳动者与用人单位在履行劳动合同过程中发生的纠纷;②劳动者与用人单位之间没有订立书面劳动合同,但已形成事实劳动关系后发生的纠纷;③劳动者退休后,与尚未参加社会保险统筹的原用人单位因追索养老金、医疗费、工伤保险待遇和其他社会保险费而发生的纠纷。

2) 法院管辖

劳动争议案件由用人单位所在地或者劳动合同履行地的基层人民法院管辖,劳动合同履行不明确的,由用人单位所在地的基层人民法院管辖。此外,在审判实践中,有的用人单位与劳动合同履行地不在同一地,如用人单位在郑州,而劳动合同履行地却在南京,若仅以用人单位所在地确定管辖,对当事人诉讼也是极不方便的。因此,为了便于当事人诉讼和案件事实的查证,又规定了由劳动合同履行地的基层人民法院管辖,这也符合《中华人民共和国民事诉讼法》第二十三条"因合同纠纷提起的诉讼,由被告住所地或者合同履行地人民法院管辖"的规定。

4. 劳动仲裁与劳动诉讼的关系

劳动仲裁和劳动诉讼都是劳动争议解决的主要途径,它们既有区别也有联系。其联系是劳动争议仲裁是劳动争议诉讼的法定前置程序,即先裁后审制,劳动争议当事人须首先将争议提交劳动仲裁机构进行仲裁。仲裁裁决后,如对仲裁裁决不服,应在收到裁决书后 15 日内向人民法院起诉,未经仲裁而直接向人民法院起诉的,人民法院不予受理。收到仲裁裁决后,当事人未在 15 日内起诉的,裁决发生法律效力,当事人应当履行该裁决,否则对方可申请人民法院强制执行;在 15 日内起诉的,仲裁裁决不发生法律效力,人民法院应当对该劳动争议进行全面审理,不受已完成的仲裁的影响。

劳动争议仲裁和劳动争议诉讼的区别如下。

(1) 劳动争议仲裁具有行政和司法双重特征。行政特征是指仲裁机构是劳动争议仲裁委员会,而劳动争议仲裁委员会是由劳动行政部门的代表、同级工会代表和用人单位方面的代表组成的,即机构组成具有三方性,同时在方针、政策、规章等方面接受劳动行政部门的领导;司法特征是指劳动争议仲裁具有一定的裁制权,仲裁机构所做出的裁决书在当事人未于法定期间内起诉的情况下即产生法律强制执行力。劳动争议纠纷则是完全的司法性质,具有最终的司法裁判权。

(2) 依据不同。劳动争议仲裁的法律依据主要是《中华人民共和国劳动法》和《中华人民共和国企业劳动争议处理条例》;劳动争议诉讼的法律依据主要是《中华人民共和国民事诉讼法》。

(3) 原则不同。劳动争议仲裁的原则:先行调解原则、少数服从多数原则、及时原则。劳动争议诉讼的原则:以事实为依据,以法律为准绳。

(4) 程序不同。劳动争议仲裁只有一审,仲裁裁决做出并送达后,仲裁程序即终结,如当事人对裁决不服,不能向上一级仲裁机构再行申请,而只能向人民法院起诉进入诉讼程序;劳动争议诉讼则有二审,诉讼一审结束后,如对一审的判决不服,当事人可向上一级法院上诉,二审法院应对一审法院判决所认定的事实和适用的法律进行全面审查。

(5) 审限不同。劳动争议仲裁的审限为自立案之日起 45 日内,案情复杂需延期的,报批后可最长延期 15 日。劳动争议诉讼一审的审限为:普通程序自立案之日起 6 个月,报院长批准可延长 6 个月;简易程序 3 个月,诉讼二审的审限为自立案之日起 3 个月,可报批延长。

(6) 效力不同。劳动争议仲裁的裁决做出后,如果当事人未在收到裁决之日起 15 日内起诉,则裁决发生法律效力,而如果当事人在此期间内向法院提起了诉讼,则仲裁裁决不发生法律效力,争议案件内法院从头另行全面独立审理。

(7) 收费不同。劳动争议仲裁和劳动争议诉讼的受理费虽然都是最终由败诉方承担,但收费标准不同。劳动争议仲裁受理费没有全国统一标准,由各地根据当地实际情况制定,比如北京为 300 元;而劳动争议诉讼受理费则有全国统一标准,为 10 元。

(五) 其他途径

1. 通过学校和就业主管部门维权

当我们的劳动权益受到侵害时,应及时向学校报告或者向就业主管部门举报,学校、就业主管部门会采取适当的方法,通过正当的途径帮助我们维护权益。

2. 依靠政府行政部门、媒体维权

当劳动权益受到侵害时,劳动者可以直接向各级行政主管部门投诉,经有关部门处理后,其合法权益仍未得到保护的,有权依法向各级人民政府和人大机关申诉。另外,劳动者还可以向有关新闻媒体披露劳动权益受到侵害的真实情况,以获得社会舆论的监督、关注和支持。因为新闻媒体最主要的功能就是舆论监督,"新闻天生具有监督的功能"。近年来,随着社会环境的日渐宽松和媒体业的迅速发展,作为新闻媒体主要功能之一的舆论监督在维护劳动者合法权益方面日益凸显出其强大的影响力。

3. 寻求法律援助维权

在劳动的过程中，如果劳动者出现工伤、请求依法发给抚恤金等特定情形，需要获得律师帮助，但是又无力支付相关费用，可以按照国家规定获得法律援助，帮助自己维权。

知识链接

法律援助是指由政府设立的法律援助机构组织法律援助人员，为经济困难或特殊案件的人无偿提供法律服务的一项法律保障制度。

1. 法律援助的范围

第一，公民有下列事项，因经济困难没有委托代理人或辩护人的，可以申请法律援助或由人民法院指定辩护。

（1）依法请求国家赔偿的。

（2）请求给予社会保险待遇或者最低生活保障待遇的。

（3）请求发给抚恤金、救济金的。

（4）请求给付赡养费、抚养费、扶养费的。

（5）请求支付劳动报酬的。

（6）主张因见义勇为行为产生的民事权益的。

第二，刑事诉讼中有下列情形之一的，公民可以向法律援助机构申请法律援助。

（1）犯罪嫌疑人在被侦查机关第一次询问后或者采取强制措施之日起，因经济困难没有聘请律师的。

（2）公诉案件中的被害人及其法定代理人或者近亲属，自案件移送审查起诉之日起，因经济困难没有委托诉讼代理人的。

（3）自诉案件的自诉人及其法定代理人，自案件被人民法院受理之日起，因经济困难没有委托诉讼代理人的。

第三，公诉人出庭公诉的案件，被告人因经济困难或者其他原因没有委托辩护人的，人民法院为被告人指定辩护时，法律援助机构应当提供法律援助。

第四，被告人是盲、聋、哑人或者未成年人而没有委托辩护人的，或者被告人可能被判处死刑而没有委托辩护人的，人民法院为被告人指定辩护时，法律援助机构应当提供法律援助，无须对被告人进行经济状况的审查。

2. 法律援助的主要形式

（1）刑事辩护和刑事代理。

（2）民事、行政诉讼代理。

（3）非诉讼法律事务代理。

（4）公证证明。

（5）法律咨询，代拟法律文书。

（6）其他形式的法律服务。

【职业思考】

陈某于2015年8月应聘到某电子有限公司从事机器操控工作，但双方一直未签订劳动合同。陈某多次找公司要求签订劳动合同,但均遭到单位的拒绝。2015年11月,陈某在一次机器操作中受到意外伤害,陈某认为自己是工伤,单位应该承担医疗费、护理费等各种费用。公司主张,他们并没有与陈某签订劳动合同,况且当初约定的6个月的试用期未满,合同还未生效,因此公司不应受到约束。陈某多次与单位交涉未果,于是在2015年12月16日向所在区的劳动争议仲裁委员会提出仲裁,要求某电子有限公司支付因工伤所受到的各种损失3万余元,并按照《劳动法》的规定与其签订劳动合同。经区劳动争议仲裁委员会查明,陈某到某电子公司工作时双方曾口头约定试用期为6个月,双方对其他事实均无异议。

试问:用人单位拒绝签订劳动合同的行为是否合法?

附录A
中等职业学校职业指导工作规定

第一章 总 则

第一条 为规范和加强中等职业学校职业指导工作,不断提高人才培养质量,扩大优质职业教育资源供给,依据《中华人民共和国职业教育法》等法律法规,制订本规定。

第二条 职业指导是职业教育的重要内容,是职业学校的基础性工作。在中等职业学校开展职业指导工作,主要是通过学业辅导、职业指导教育、职业生涯咨询、创新创业教育和就业服务等,培养学生规划管理学业、职业生涯的意识和能力,培育学生的工匠精神和质量意识,为适应融入社会、就业创业和职业生涯可持续发展做好准备。

第三条 中等职业学校职业指导工作应深入贯彻习近平新时代中国特色社会主义思想,坚持立德树人、育人为本,遵循职业教育规律和学生成长规律,适应经济社会发展需求,完善机制、整合资源,构建全方位职业指导工作体系,动员学校全员参与、全程服务,持续提升职业指导工作水平。

第四条 中等职业学校职业指导工作应坚持以下原则:

(一)以学生为本原则。通过开展生动活泼的教学与实践活动,充分调动学生的积极性、主动性,引导学生参与体验,激发职业兴趣,增强职业认同,帮助学生形成职业生涯决策和规划能力。

(二)循序渐进原则。坚持从经济社会发展、学校办学水平以及学生自身实际出发,遵循学生身心发展和职业生涯发展规律,循序渐进开展有针对性的职业指导。

(三)教育与服务相结合原则。面向全体学生开展职业生涯教育,帮助学生树立正确的职业理想,学会职业选择。根据学生个体差异,开展有针对性的职业指导服务,为学生就业、择业、创业提供帮助,促进学生顺利就业创业和可持续发展。

(四)协同推进原则。职业指导工作应贯穿学校教育教学和管理服务的全过程,融入课程教学、实训实习、校企合作、校园文化活动和学生日常管理中,全员全程协同推进。

第二章 主要任务

第五条 开展学业辅导。激发学生的学习兴趣,帮助学生结合自身特点及专业,进行学业规划与管理,养成良好的学习习惯和行为,培养学生终身学习的意识与能力。

第六条 开展职业指导教育。帮助学生认识自我,了解社会,了解专业和职业,增强职业意识,树立正确的职业观和职业理想,增强学生提高职业素养的自觉性,培育职业精神;引导学生选择职业、规划职业,提高求职择业过程中的抗挫折能力和职业转换的适应能力,更好地适应和融入社会。

第七条 提供就业服务。帮助学生了解就业信息、就业有关法律法规，掌握求职技巧，疏导求职心理，促进顺利就业。鼓励开展就业后的跟踪指导。

第八条 开展职业生涯咨询。通过面谈或小组辅导，开展有针对性的职业咨询辅导，满足学生的个性化需求。鼓励有条件的学校面向社会开展职业生涯咨询服务和面向中小学生开展职业启蒙教育。

第九条 开展创新创业教育。帮助学生学习创新创业知识，了解创新创业的途径和方法，树立创新创业意识，提高创新创业能力。

第三章 主要途径

第十条 课程教学是职业指导的主渠道。中等职业学校应根据学生认知规律和身心特点，在开设应有的职业生涯规划课程基础上，采取必修、选修相结合的方式开设就业指导、创新创业等课程。持续改进教学方式方法，注重采用案例教学、情景模拟、行动教学等，提高教学效果。

第十一条 实践活动是职业指导的重要载体。中等职业学校可通过开展实训实习以及组织学生参加校内外拓展活动、企业现场参观培训、观摩人才招聘会等活动，强化学生的职业体验，提升职业素养。

第十二条 中等职业学校可通过职业心理倾向测评、创新创业能力测评、自我分析、角色扮演等个性化服务，帮助学生正确认识自我和社会，解决在择业和成长中的问题。

第十三条 中等职业学校应主动加强与行业、企业的合作，提供有效就业信息。组织供需见面会等，帮助学生推荐实习和就业单位。

第十四条 中等职业学校应充分利用各种优质网络资源，运用信息化手段开展职业指导服务。鼓励有条件的地区建立适合本地区需要的人才就业网络平台，发布毕业生信息和社会人才需求信息，为学生就业提供高效便捷的服务。

第四章 师资队伍

第十五条 中等职业学校应在核定的编制内至少配备一名具有一定专业水准的专兼职教师从事职业指导。鼓励选聘行业、企业优秀人员担任兼职职业指导教师。

第十六条 中等职业学校职业指导教师负责课程教学、活动组织、咨询服务等，其主要职责如下：

（一）了解学生的职业心理和职业认知情况，建立学生职业生涯档案，跟踪指导学生成长。

（二）根据学生职业认知水平，开展职业生涯规划、就业指导、创新创业等课程教学。

（三）策划和组织开展就业讲座、供需见面会、职业访谈等活动。

（四）结合学生个性化需要，提供有针对性的咨询服务或小组辅导。

（五）积极参加职业指导相关业务培训、教研活动、企业实践等，及时更新职业指导信息，提高职业指导的专业能力和教学科研水平。

（六）跟踪调查毕业生就业状况，做好总结分析反馈，为专业设置、招生、课程改革等提供合理化建议。

（七）配合做好其他职业指导相关工作。

第十七条 中等职业学校应加强职业指导教师的业务培训和考核。对职业指导教师的考核，注重过程性评价。

第五章 工作机制

第十八条 中等职业学校职业指导工作实行校长负责制。学校应建立专门工作机构，形成以专兼职职业指导教师为主体，班主任、思想政治课教师、学生管理人员等为辅助的职业指导工作体系。

第十九条 中等职业学校职业指导涉及教学管理、学生管理等工作领域，相关部门应积极配合支持。学校应主动对接行业组织、企业、家长委员会等，协同推进职业指导工作。

第二十条 中等职业学校应建立职业指导考核评价体系，定期开展职业指导工作评价，对在职业指导工作中做出突出贡献的，应予以相应激励。

第二十一条 中等职业学校应建立毕业生就业统计公告制度，按规定向上级主管部门报送并及时向社会发布毕业生就业情况。

第二十二条 中等职业学校应结合举办"职业教育活动周"等活动，积极展示优秀毕业生风采，广泛宣传高素质劳动者和技术技能人才先进事迹，大力弘扬劳模精神和工匠精神，营造劳动光荣的社会风尚和精益求精的敬业风气。

第六章 实施保障

第二十三条 各地教育行政部门和中等职业学校应为职业指导工作提供必要的人力、物力和经费保障，确保职业指导工作有序开展。

第二十四条 各地教育行政部门应加强对中等职业学校校长、职业指导教师、其他管理人员的职业指导业务培训，将职业指导纳入教师培训的必修内容。

第二十五条 各地教育行政部门应当积极协调人社、税务、金融等部门，为中等职业学校毕业生就业创业创造良好的政策环境。

第二十六条 中等职业学校应拓展和用足用好校内外职业指导场所、机构等资源。有条件的学校可建立学生创新创业孵化基地。

第二十七条 中等职业学校应将职业指导信息化建设统筹纳入学校整体信息化建设中，建立健全职业指导信息服务平台。

第二十八条 中等职业学校应加强职业指导的教学科研工作，与相关专业机构合作开展职业指导研究和课程建设，不断提高职业指导工作专业化水平。

第七章 附则

第二十九条 各省、自治区、直辖市教育行政部门可依据本规定制订实施细则。

第三十条 本规定由教育部负责解释，自发布之日起施行。

参考文献
REFERENCES

［1］王志洲,李树斌.职业生涯规划[M].北京:人民邮电出版社,2008.
［2］刘开明,张国峰.就业指导[M].兰州:兰州大学出版社,2008.
［3］王德胜.职业生涯发展与规划[M].北京:北京邮电大学出版社,2010.
［4］霍华德·加德纳.智能的结构[M].沈致隆,译.杭州:浙江人民出版社,2013.
［5］刘平青,陆云泉,等.职业生涯与人生规划[M].北京:北京大学出版社,2014.
［6］黄天中.生涯体验:生涯发展与规划[M].3版.北京:高等教育出版社,2015.
［7］张柏喜.职业生涯规划与自我管理[M].北京:中国人民大学出版社,2016.
［8］罗伯特·里尔登,等.职业生涯发展与规划[M].4版.侯志瑾,等,译.北京:中国人民大学出版社,2016.